EMMANUEL ROULIN

$LOW MONEY

Et si vous deveniez
votre meilleur
conseiller financier ?

SLOW MONEY
est édité par Emmanuel Roulin
eroulin@slow-money.fr

© 2022 Emmanuel Roulin

Maquette
Christophe Gourdy | www.pinksheep.fr

Crédits Photos
Guillaume Lebrasseur, iStock.com / shutter2photos

Tous droits réservés.
ISBN : 9798799686550
Dépôt légal : janvier 2022

Le code de la propriété intellectuelle n'autorisant, aux termes des paragraphes 2 et 3 de l'article L122-5, d'une part, que les « copies ou reproductions strictement réservées à l'usage privé du copiste et non destinées à une utilisation collective » et, d'autre part, sous réserve du nom de l'auteur et de la source, que « les analyses et les courtes citations justifiées par le caractère critique, polémique, pédagogique, scientifique ou d'information», toute représentation ou reproduction intégrale ou partielle, physique ou digitale, faite sans consentement de l'auteur ou de ses ayants droit, est illicite (art. L122-4). Toute représentation ou reproduction, par quelque procédé que ce soit, notamment par téléchargement ou sortie imprimante, constituera donc une contrefaçon sanctionnée par les articles L 335-2 et suivants du code de la propriété intellectuelle.

AVERTISSEMENT

Ce livre, à caractère purement informatif, ne vise pas à remplacer des conseils particuliers sur les placements, les impôts ou les questions d'ordre juridique ou financier. Son contenu ne reflète que les vues de l'auteur et ne constitue en aucun cas un conseil d'investissement. Il est fourni « en l'état » et l'utilisation que vous en faites est à vos propres risques.

Les informations contenues ne constituent pas un conseil de vente ou d'achat d'instruments financiers ou autres et ne doivent pas être utilisées sans consulter d'abord un conseiller financier qui saura déterminer la solution la mieux adaptée à vos propres besoins.

L'auteur ne donne aucune garantie et ne fait aucune promesse concernant les résultats pouvant être obtenus en suivant le contenu de ce livre. Vous devriez toujours effectuer vos propres recherches, faire preuve de la prudence nécessaire et demander conseil à un spécialiste avant de prendre toute décision d'investissement.

Dans les limites autorisées par la loi, l'auteur ne saurait être tenu pour responsable de tout préjudice direct ou indirect du fait d'une information mal utilisée et/ou qui se serait révélée inexacte ou incomplète.

SOMMAIRE

Introduction 9

PARTIE UNE : COMPRENDRE 13
   1. D'abord ne pas nuire 13
   2. Quelle place pour l'immobilier ? 18
   3. Le risque et la peur du risque 22
   4. Diversifier son risque pour rester investi 26
   5. FAQ 1 43

PARTIE DEUX : ADAPTER 59
   6. Quels objectifs vous fixer ? 59
   7. Le portefeuille de revenu – les actions à dividende 72
   8. Le portefeuille de revenu – les sociétés foncières 85
   9. Le portefeuille de préférences 93
   10. FAQ 2 102

PARTIE TROIS : AGIR 109
   11. Comment démarrer et construire votre portefeuille Slow Money 109
   12. Votre premier pilier : le portefeuille diversifié 114
   13. Votre 2ème pilier : le portefeuille de revenu – actions à dividende ... 128
   14. Votre 2ème pilier : le portefeuille de revenu – sociétés foncières 141
   15. Votre 3ème pilier : le portefeuille de préférences 147
   16. Le portefeuille Slow Money 153
   17. FAQ 3 160

Conclusion 168
Liste des codes ISIN 171
Postface 173

⌐ INTRODUCTION

Bienvenue dans le monde du *Slow Money*, là où tout n'est qu'ordre et clarté, luxe, calme et sérénité.

En 2020, Mathieu vend sa compagnie, Sophie exerce ses stock-options et Bertrand reçoit une indemnité de licenciement substantielle. Les trois sont mes amis de toujours, ils me contactent, car ils ne savent pas quoi faire de leur pécule.

Comme le million de Français dont le patrimoine s'élève entre un et trois millions d'euros, résidence principale incluse, ils réalisent qu'ils sont suffisamment aisés pour intéresser leur banquier, recevoir une jolie carte de crédit et parfois une invitation à une soirée, mais pas assez pour obtenir le support qu'ils attendent.

Cela fait plus de trente ans que je conseille des clients dans leurs placements financiers. Depuis Genève, Hong Kong, Paris et Singapour, j'ai travaillé avec des investisseurs individuels et des grandes institutions basées en Europe, en Asie et en Australie ; parmi mes clients, des familles très fortunées, des banques centrales, des fonds souverains, des caisses de retraite et des compagnies d'assurance. Le ticket d'entrée se situe à dix millions d'euros, la moyenne autour des cent millions, avec quelques mandats dépassant le milliard.

À trois millions d'euros, le service existe, mais dépend étroitement de la qualité des interlocuteurs au sein de votre banque. Cela ouvre une brèche pour les conseillers financiers indépendants, souvent expérimentés et plus à l'écoute. Au-delà de cinquante millions, la qualité du conseil est très bonne partout. Et au-delà de cinq cents millions, l'interlocuteur principal de la banque est souvent un professionnel employé par la famille cliente.

Pour les particuliers qui, comme mes amis, ont entre trois cent mille et trois millions d'euros de patrimoine hors résidence principale, il est difficile de s'y retrouver. Le manque d'écoute, l'absence de vue d'ensemble et les conseils intéressés n'aident pas à bâtir la confiance.

Pourtant, le secret pour investir avec succès n'a pas changé depuis mes débuts en 1987.

Ce secret est simple, mais la plupart des professionnels et des investisseurs individuels ne l'appliquent pas. Il tient en une phrase : si vous investissez de façon bien diversifiée entre différentes classes d'actifs, différentes régions géographiques et si votre portefeuille reste stable, sa performance à long terme sera supérieure à celle des produits de votre banque, avec des risques moindres que ceux que vous prenez auprès de votre courtier en ligne.

Comment se fait-il que tant de personnes soient incapables de suivre un tel plan ?

Une des réponses se trouve dans la trop grande attention donnée à ce que disent nos proches et notre environnement sur les marchés en général et sur leurs propres investissements. Au fil des années passées à aider des personnes fortunées de tous âges, de toute surface financière et de toutes origines, j'ai été frappé d'entendre régulièrement les mêmes propos :

- « *Le marché est trop cher, nous sommes dans une bulle, j'ai vendu mes actions et je reste en cash en attendant le prochain krach.* »

- « *Mon horizon de placement est long, mais je préfère gérer activement mon portefeuille afin d'éviter de perdre dans un marché en baisse ou de détenir une action qui s'effondre.* »

- « *Je suis patient, je peux attendre six mois avant de couper une position.* »

Le résultat après plusieurs années, ce sont des performances décevantes, parfois même la destruction d'une partie du capital investi. La plupart des investisseurs individuels s'étendent peu sur leurs moins-values, mais ces pertes sont bien réelles. Un peu comme lorsque vos amis disent que leur dernière soirée au casino a vu leurs gains compenser leurs pertes. Si tout le monde rentrait dans son argent, les casinos auraient fait faillite depuis longtemps.

Alors pourquoi tant d'épargnants continuent-ils à gérer activement leur portefeuille ? Soyons indulgents, il est dans la nature humaine de chercher à réussir, de vouloir faire mieux que ses collègues ou ses amis. Cette volonté d'exceller, ce sens de la compétition nous aident souvent à accomplir de grandes choses, mais pas en matière d'investissement !

La première raison est que dans toute compétition il y a une ligne d'arrivée qui est relativement courte, même si vous faites le tour du monde à la voile. Ceci explique pourquoi, dans l'esprit de certains, la notion de « long terme » ne dépasse pas une année. Or, lorsqu'il s'agit de bâtir et développer un patrimoine, un horizon d'un an ou même de cinq ans est court. Les cycles de la plupart des classes d'actif s'étendent sur des durées beaucoup plus longues, parfois au-delà de dix ans, de ce fait il est difficile de prévoir quand ils se retourneront.

En conséquence, tant que vous restez investi dans un large éventail de familles d'actifs, vous n'avez pas à vous inquiéter du timing, car la combinaison d'investissements permettra à votre capital global de s'apprécier tout au long de votre vie. Le problème du particulier est qu'il ne peut pas résister à l'envie de se comparer ou d'entrer en compétition avec ses proches. Il va donc finir par faire des transactions de plus en plus fréquentes, en prenant des positions souvent trop concentrées.

La deuxième raison est que maintenir la stabilité de son portefeuille diversifié et le regarder s'apprécier tranquillement est très ennuyeux ! De plus, de nombreux conseillers financiers se sentent obligés de proposer davantage de mouvements que nécessaire, simplement pour justifier leurs frais de conseil (parfois aussi pour accroître leurs commissions de transaction). Quel client accepterait de payer un conseiller dont la seule recommandation serait de rester sagement investi et de ne rien changer à son portefeuille ?

Ce livre est une invitation au voyage dans un monde où le temps travaille pour vous.

Bienvenue dans le monde du *Slow Money*.

COMPRENDRE

PARTIE UNE

1. D'ABORD NE PAS NUIRE

Contrairement aux idées reçues, l'expression *Primum non nocere* ne fait pas partie du serment d'Hippocrate. Peu importe, car la formule peut s'appliquer à bien d'autres domaines que la médecine et notamment à l'investissement. Si la bourse avait existé en Grèce au IVe siècle av. J.-C., il est fort à parier qu'Hippocrate aurait été un bon gérant de patrimoine.

En tant qu'investisseur, notre job est simple : il consiste d'abord à protéger notre portefeuille pour limiter la destruction du capital à court terme et ainsi pouvoir rester investi et capitaliser les intérêts sur le long terme.

Le miracle de la capitalisation, c'est qu'avec le temps, les intérêts produisent des intérêts. Comme la boule de neige qui grossit quand on la roule, un portefeuille constamment investi produit un rendement régulier, qui lui permet de devenir de plus en plus gros avec le temps.

Le temps est un ami et la patience paie. 300.000 euros investis à 5% représentent près de 490.000 euros après 10 ans, près de 800.000 euros après 20 ans et quasiment 1.300.000 euros après 30 ans.

Et, tenez-vous bien, si vous décidiez d'investir 100.000 euros pour vos petits-enfants dès leur naissance, dans un portefeuille délivrant 5% de rendement moyen par an, le capital amassé à leurs 65 ans représenterait plus de 7.150.000 euros. Compte tenu de l'horizon de placement extrêmement long, le portefeuille pourrait même être entièrement investi en actions internationales avec un objectif de rendement plus élevé, disons 7%. Après 65 ans, le capital représenterait alors plus de 24 millions d'euros !

On voit ici toute la puissance des intérêts composés.

1. Les trois critères qui permettent de profiter à plein de cet effet sont le temps, le taux de rendement et la stabilité du capital

Le temps est la clé du succès. Plus tôt vous commencerez à investir, mieux ce sera !
Le cerveau humain n'étant pas bien équipé pour visualiser les compositions d'intérêts et autres exponentielles, reprenons notre exemple et comparons deux investissements de 300.000 euros, l'un à 4% sur 20 ans et l'autre à 8% sur 10 ans. Lequel générera le plus d'intérêts ?

Ces deux portefeuilles représenteront respectivement 376.000 euros après 20 ans et 199.000 euros après 10 ans. Il est donc important de commencer à investir tôt, même en prenant des risques limités et en acceptant un rendement modéré.

Le taux de rendement est bien sûr essentiel à la croissance d'un capital.
Il dépend directement du niveau de pertes qu'on est prêt à accepter. Si un portefeuille plus risqué est mieux rémunéré sur une longue période, le chemin vers la performance est souvent plus chaotique, d'où la nécessité de connaître sa propre aversion au risque. Nous reviendrons sur ce point en détail.

Quant à la stabilité du capital, elle est essentielle pour bénéficier de la capitalisation des intérêts. Imaginez deux boules de neige de taille identique. La première est roulée sur 50 mètres et devient énorme. La seconde parcourt aussi 50 mètres, mais avec une différence majeure : on la roule sur les cinq premiers mètres, puis on la soulève sur les cinq mètres suivants, puis on la roule à nouveau sur cinq mètres et ainsi de suite.

Alors qu'elle aura roulé sur une distance deux fois plus importante, la première boule ne sera pas deux fois plus grosse que la seconde à l'arrivée. Elle sera beaucoup plus grosse que ça, car elle aura pleinement bénéficié de l'effet boule de neige. Autrement dit, les intérêts auront produit des intérêts.

Sur le long terme, on constate que la plupart des portefeuilles avec des performances décevantes sont ceux qui ne sont pas restés investis en permanence. Il faut donc être patient, même s'il s'agit d'un exercice difficile !

2. Les deux principales raisons qui nous empêchent d'être patients sont l'appât du gain et la peur.

Il est bien naturel d'être tenté de prendre ses bénéfices. C'est l'histoire de Richard Russell qui avait vendu ses actions Berkshire Hathaway dans les années 60 après avoir doublé son capital en un an…

La peur est un sentiment naturel. Qui n'a jamais été tenté de réduire une position à la suite d'une mauvaise nouvelle, avant des élections ou simplement après avoir subi des pertes ?

Le problème est qu'après avoir coupé une position, il est difficile de revenir dans le marché à un prix plus bas, car la situation semble alors avoir empiré. C'est le schéma classique, où l'investisseur attend d'y voir plus clair pour acheter et finit par revenir sur le marché à un prix supérieur au prix auquel il était sorti quelques mois plus tôt.

Les émotions ont été gérées, pas le portefeuille.

Tous les professionnels savent que les particuliers achètent ou renforcent leurs positions près des plus hauts et vendent ou s'allègent près des plus bas.

Bien entendu, pour ceux qui aiment gérer activement leur portefeuille et qui ont des convictions, il est toujours possible de créer une petite poche tactique au sein d'un portefeuille qui restera pour l'essentiel investi. Nous verrons comment inclure cette partie tactique au sein d'un portefeuille.

La bonne approche pour gérer ses risques et ses émotions consiste à construire son portefeuille de façon que les pertes ponctuelles n'atteignent

jamais le seuil de panique.

Chacun a un estomac plus ou moins épais et il convient d'en tenir compte si l'on aspire à conserver un portefeuille stable. Reste à accepter de ne pas avoir l'estomac de Warren Buffett, qui a toujours conservé ses investissements malgré des moins-values parfois supérieures à 50%. Qui est prêt à perdre la moitié de sa fortune ? À certaines occasions, Buffett a même renforcé ses positions ou fait de nouvelles acquisitions alors qu'il essuyait de fortes pertes. Tout cela en dormant parfaitement la nuit.

Il existe une méthode simple et efficace pour résister à la tentation de couper une position perdante ou de prendre son profit. D'abord, vous écrivez noir sur blanc pourquoi vous avez décidé de constituer un portefeuille d'investissement – vous pourriez vous faire plaisir et tout dépenser après tout. Il peut d'agir de constituer une réserve de sécurité pour vos vieux jours, pour le conjoint survivant qui ne bénéficiera pas forcément d'une grosse retraite, pour aider vos enfants ou vos petits-enfants plus tard, pour financer un projet qui vous tient à cœur, etc.

Une fois votre objectif clairement défini, vous le notez sur une feuille de papier, puis vous ajoutez quelques règles d'investissement à suivre – des règles d'allocation d'actifs, de diversification, de gestion des risques, par exemple quand prendre ses profits ? quand couper ses positions ? (Tout cela sera développé en deuxième et troisième partie). Votre papier terminé, vous l'accrochez au mur de votre bureau, vous vous le mettez en fond d'écran, bref vous faites en sorte de ne pas l'oublier. Cela vous sera utile le jour où vous souhaiterez vendre une position. Ensuite, au fil des ans, vous n'aurez plus besoin de ces notes, car vous en aurez compris les bénéfices.

Enfin, un dernier point important à souligner : quand on parle de capitaliser les intérêts, c'est évidemment sur l'ensemble du patrimoine que le calcul doit s'appliquer. A minima, sur l'ensemble du patrimoine financier.

Nous avons tous entendu un voisin, un collègue ou un client se vanter d'avoir gagné 30% sur son portefeuille, sans préciser qu'il s'agissait seulement de la partie risquée de celui-ci. La réalité est que, si cette partie risquée représentait, disons 10% de son portefeuille, sa performance globale n'aurait été que de 3%, ce qui est tout de suite moins impressionnant.

Il est donc important d'être très clair sur le montant total du capital à faire fructifier. Sommairement, votre épargne financière correspond à ce qui reste après avoir mis de côté de quoi payer vos impôts sur l'année à venir, financer vos projets à court terme et faire face à un événement inattendu. Pour atteindre vos objectifs à long terme, ce n'est pas seulement une petite partie risquée, mais bien l'ensemble de ce patrimoine financier qui devra générer des intérêts et bénéficier de l'effet boule de neige.

LES 3 POINTS À RETENIR

— 1 —
Le temps, le taux de rendement et la stabilité du capital sont les trois éléments clés pour bénéficier de la capitalisation des intérêts.

— 2 —
Gérer son portefeuille et gérer ses émotions sont deux choses très différentes. La peur et la tentation de prendre ses bénéfices sont souvent préjudiciables à la performance à long terme.

— 3 —
La performance se calcule en prenant en compte l'ensemble du patrimoine financier stable, pas seulement sa partie risquée.

2. QUELLE PLACE POUR L'IMMOBILIER ?

Partout en Asie, à Beijing, Shanghai, Shenzhen, Manille, Jakarta, Hanoi ou Phnom Penh, l'immobilier a flambé au cours des vingt dernières années. Surfant sur la vague de la mondialisation, des chefs d'entreprises et des cadres dirigeants se sont constitués de véritables fortunes. Et tout naturellement, leurs premiers investissements sont allés vers l'immobilier. Pourquoi ? Parce que c'est un actif facile à comprendre, tangible, qui résiste à l'inflation et génère des revenus.

Pour toutes ces raisons, en France aussi l'immobilier occupe une place de choix chez les familles ayant un patrimoine entre un et trois millions d'euros. Est-ce pour autant un bon placement ? Comment peut-on en mesurer la rentabilité ?

1. L'immobilier n'est pas liquide. S'il est facile d'acheter un bien, vendre est toujours compliqué

Comme dit l'adage, vous pouvez acheter plus d'immobilier en une journée que vous ne pourrez en vendre durant toute une vie.

Paradoxalement, cette faible liquidité est une des principales qualités d'un actif immobilier. On n'en regarde pas la valeur quotidiennement, ni même chaque mois. On n'est pas tenté de prendre son profit après une période haussière : trop incertain, trop compliqué, trop coûteux aussi. On n'est pas non plus tenté de vendre dans un marché baissier. Le fait de bien comprendre ce qu'on détient réduit considérablement le niveau de stress. Le bien est toujours là, les loyers continuent à rentrer, bref il n'y a pas de quoi paniquer, les choses finiront par revenir à la normale.

C'est d'ailleurs parce que l'immobilier est peu liquide et que les droits de mutation (frais de notaire) sont élevés, qu'il est recommandé, pour les jeunes qui le peuvent, d'acheter un bien qu'ils mettront en location plutôt que d'acheter leur résidence principale. En louant cette dernière, ils auront toute liberté de déménager au gré de leurs affectations, de leurs changements d'employeur ou de l'agrandissement de leur famille.

Ce faisant, ils se constitueront progressivement un patrimoine sans être pénalisés par les frais de transaction ni par la liquidité du marché — les familles forcées de vendre leur résidence principale début 2009 peuvent en témoigner, toutes auraient préféré être locataires à cette époque !

La stabilité des placements immobiliers explique leur contribution importante à la croissance du patrimoine des familles. Si vous n'êtes pas capable de vous en tenir à votre plan d'investissement, si la peur de perdre ou l'envie du profit à court terme vous dominent, s'il vous est difficile de gérer vos émotions, alors achetez de l'immobilier. Si le bien est de qualité, sans mauvaise surprise et s'il est facile à louer, alors il contribuera à faire croître votre capital.

Avant de franchir le pas, il est important de savoir ce qu'un investissement immobilier rapporte réellement, et comment il se positionne par rapport au taux de rendement capitalisé d'un placement financier. S'agissant d'un investissement à long terme, il est essentiel pour l'investisseur d'avoir ces notions en tête.

2. Que peut-on attendre d'un placement immobilier en matière de rendements, comparé à celui d'un placement financier ?

Prenons l'exemple d'un investissement locatif. Un bien immobilier est acheté 500.000 euros fin septembre 2000 et mis en location. Les locataires s'acquittent sans faute de leur loyer et aucune mauvaise surprise concernant le bien n'est à déplorer. Vingt ans plus tard, selon l'évolution de l'indice INSEE des prix des logements, le bien vaut 1.160.000 euros. En prenant en compte 5% de droits de mutation à l'achat, le bien s'est apprécié de 635.000 euros (1.160.000 euros - 525.000 euros) soit un rendement d'environ 4% par an (4.05% pour être précis).

Lors de l'achat en 2000, sa rentabilité locative était de 4%, soit un loyer mensuel de 1.666 euros par mois. Selon l'indice de référence des loyers publié par l'INSEE, ce loyer a augmenté de 30.6% entre septembre 2000 et 2020 pour s'élever à 2.176 euros par mois en septembre 2020. Pour simplifier la suite des calculs, le loyer pris en compte sera la moyenne entre 1.666 euros et 2.176 euros, soit 1.920 euros, ce qui correspond à une rentabilité de 4.4%, une fois rapporté au prix d'achat de 525.000 euros.

Dit autrement, en vingt ans, le bien s'est apprécié de 4% par an et a généré 4.4% de rentabilité additionnelle grâce aux loyers.

Mais en réalité, d'autres coûts sont à prendre en compte, comme la taxe foncière, les frais d'assurance, les frais d'entretien (en vingt ans, il a bien fallu ravaler la façade, réparer la chaudière ou refaire les peintures), voire les frais de gestion si un professionnel s'occupe de la location. L'ensemble de ces coûts représente environ 30% des loyers, et ce toujours dans l'hypothèse la plus favorable où le bien est constamment loué (pas de vacance entre deux locataires) et où aucun défaut de paiement n'est constaté.

Après l'imputation de ces 30% de coûts sur les 4.4% de rentabilité locative, la rentabilité réelle tombe à 3%. Ce qui nous fait au total une rentabilité de 7% par an, 4% provenant de l'appréciation du bien et 3% du paiement des loyers. Bien évidemment, tout cela est avant impôts sur les loyers, ISF dans le passé, IFI aujourd'hui, un nouvel acronyme demain… La fiscalité n'est pas le sujet de ce chapitre.

Le rendement de 7% par an peut être amélioré en ne payant pas la totalité comptant. Compte tenu du taux des prêts immobiliers à vingt ans en vigueur en 2000, il aurait été possible d'emprunter la moitié de la valeur du bien et d'utiliser la totalité des loyers encaissés pour payer les mensualités. Dans ce cas, l'acheteur aurait déboursé 275.000 euros y compris 25.000 euros de droits de mutation, et il aurait emprunté 250.000 euros. Vingt ans plus tard, les 275.000 euros seraient devenus 1.160.000 euros, portant le rendement de 7% à 7.5% par an. Avec le recul, il serait sans doute un peu supérieur, car le taux d'emprunt aurait été renégocié à la baisse durant la période.

Cela n'a pas une grande importance ici. L'objectif de ces simulations est seulement de donner une idée de ce que représente un taux de rendement dans le temps. Parmi les non-financiers, peu de personnes réalisent qu'un bien qui voit son prix multiplié par 2.2 en vingt ans correspond à un placement à environ 4% de rendement capitalisé sur la période.

S'il a sa place dans un patrimoine, l'immobilier n'est pas la réponse à toutes les questions que chacun se pose en matière d'investissement à long terme. Sur le papier tout semble simple, mais dans la vraie vie, soyons prudents, car il ne peut pas y avoir de bonne surprise avec l'immobilier. On voit, on touche, on sait ce qu'on achète. Un endroit bruyant ne va pas devenir silencieux du jour au lendemain. Un premier étage sombre ne va pas devenir lumineux. Un locataire ne va pas décider soudainement de payer deux fois son loyer. En revanche, la liste des problèmes possibles est sans fin : l'environnement du bien, son coût d'entretien, sa qualité propre qui peut receler des surprises, les loyers impayés, la dégradation, les frais de rafraîchissement entre deux locataires, etc.

Et ce sans prendre en compte la liquidité de l'immobilier qui peut se révéler problématique en cas d'accident de la vie. Il arrive parfois à des propriétaires de devoir vendre pour acquitter des droits de succession, régler un divorce ou simplement récupérer du cash après avoir essuyé des pertes importantes dans leur entreprise ou dans leurs autres investissements. Ils réalisent alors toute l'importance de la liquidité. La capacité de récupérer la valeur de son bien à tout moment et à un juste prix est une composante précieuse au sein d'un portefeuille. Rappelons-nous que, début 2009, il était impossible de céder un bien immobilier sans faire un gros effort sur le prix.

LES 3 POINTS À RETENIR

— 1 —

La question n'est pas de savoir s'il est mieux de détenir de l'immobilier ou des actifs financiers liquides. Les deux ont leur place dans un patrimoine bien géré.

— 2 —

Investissement stable par excellence, l'immobilier illustre l'intérêt de rester investi dans une classe d'actifs pour capter tout son potentiel de rendement sur le long terme.

— 3 —

De même que l'on ne regarde pas chaque matin la valeur de sa maison, la plupart des investisseurs gagneraient à oublier un peu leurs investissements financiers une fois leur plan défini et mis en œuvre. Faire un point trimestriel sur ses placements est largement suffisant pour la grande majorité des épargnants.

3. LE RISQUE ET LA PEUR DU RISQUE

Achille et Zoé jouent aux dés. Achille propose à Zoé de miser 10 euros puis de lancer un dé. Si le 6 sort, Achille s'engage à donner 20 euros à Zoé. Si un autre chiffre sort, Achille garde les 10 euros.

Zoé a évidemment toutes les chances de perdre à ce jeu, dont l'espérance mathématique est négative ($20 \times 1/6 - 10 \times 5/6 = -5$). En moyenne, elle perdra 5 euros chaque fois qu'elle jouera.

La roulette, le blackjack et la plupart des jeux de hasard ont des espérances mathématiques négatives. Idem pour les jeux dits à somme nulle, car les fonds redistribués sont toujours inférieurs aux fonds misés, notamment en raison des prélèvements fiscaux.

Plus vous jouez, plus vous risquez de perdre. Cela ne décourage pas les parieurs qui viennent chercher des montées d'adrénaline plutôt que des profits financiers. Ils viennent avec 100 euros, ils les jouent et finissent par les perdre plus ou moins vite.

Ici, le risque est parfaitement connu et accepté : la soirée a coûté 100 euros.

Beaucoup voient les marchés financiers comme un casino, où l'on peut décrocher le gros lot ou perdre beaucoup. Pourtant, investir n'est pas un jeu à somme nulle. Les actions versent des dividendes et leur prix tend à s'apprécier avec le temps. Les obligations paient des coupons. Tout cela fonctionne très bien, à condition de laisser le temps faire son travail.

Le problème est que beaucoup d'investisseurs se mettent eux-mêmes dans une situation de jeu à somme nulle, en faisant de fréquentes opérations d'achat et vente, qui ne leur laissent pas le temps de bénéficier de la croissance des compagnies dans lesquelles ils investissent. Après avoir payé les frais de courtage, ils se mettent dans une position similaire à la soirée au casino. Et ne pensez pas que les plateformes de trading qui ne chargent pas de commissions rendent la partie plus équitable. À l'heure du big data et du trading algorithmique, l'information concernant les ordres est tellement profitable que certains opérateurs sont prêts à payer pour l'obtenir.

Si c'est gratuit, c'est que vous êtes le produit.

Oubliez les tuyaux de vos amis, les conseils des magazines spécialisés, les recommandations des chaînes financières ou des youtubeurs, le trading à court terme n'est pas pour vous. Il n'est pas facile de gagner dans la durée face à des ordinateurs qui vont plus vite que nous et sont programmés pour faire de l'argent à très court terme.

Le seul terrain où vous avez un avantage, c'est le long terme. Les ordinateurs peuvent faire une analyse sur quelques millisecondes, quelques secondes ou quelques heures, mais rarement sur une décennie.

Vous pouvez avoir un plan à dix ou vingt ans.

Fin décembre 2007, six mois après la sortie du premier iPhone, vous pouviez penser qu'une révolution était en marche, décider d'acheter l'action Apple et la garder pendant les vingt prochaines années. L'action avait déjà gagné 62%, mais votre plan n'était pas de faire un petit profit et vous étiez conscient du risque à court terme. D'ailleurs, vous aviez raison parce que, un an plus tard, votre position était en perte de 57%. La crise financière de 2008 était passée par là. Pas d'inquiétude, car vous aviez un plan et vous pouviez supporter ce risque.

Par la suite, vous avez conservé votre position, vous êtes passé par des hauts sans jamais prendre votre profit. Vous êtes aussi passé par des bas et des périodes sans tendance. De mai 2012 à mai 2016, vous n'avez rien gagné, mais cela ne vous a pas découragé. Vous vous en êtes tenu à votre plan.

Fin 2020, votre capital a été multiplié par un peu plus de 30 en treize ans, soit un taux de rendement capitalisé de 30% par an. Vous ne vendez toujours pas, vous allez sans doute devoir essuyer des pertes, peut-être même des pertes importantes, mais vous resterez discipliné, car votre plan est à vingt ans.

Bien évidemment, personne ne fait ça dans la vraie vie. Même Tim Cook, le patron d'Apple, a vendu régulièrement des actions Apple depuis 2007. En vendant pour près de 60 millions de dollars fin août 2018, il ne se doutait pas que l'action allait plus que doubler dans les deux années suivantes. Peu importe, son plan était différent…

Il s'agit là d'un exemple extrême, qui cherche à démontrer toute l'importance d'inscrire une stratégie dans la durée.

En tant qu'investisseur, votre objectif est de construire un portefeuille qui va vous aider à rester investi.

D'abord, il convient de définir votre objectif. Cherchez-vous à constituer un capital à long terme, à faire grossir une épargne qui vous permettra de financer les études de vos enfants d'ici une dizaine d'années, à générer des revenus qui viendront compléter votre retraite, etc. ? Une fois votre objectif défini, vous vous interrogerez sur les risques que vous pouvez supporter. Êtes-vous prêts à perdre 57% après un an, comme dans l'exemple ci-dessus ? Peut-être préféreriez-vous risquer 25%, 15%, 10%, voire seulement 5%.

Il n'y a pas de réponse unique, pas de chiffre magique. Le bon niveau est le seuil qui vous permet de garder votre sommeil.

Bien évidemment, le niveau de risque va de pair avec l'objectif de performance. Très schématiquement, le risque de perte potentiel d'un portefeuille bien diversifié est au moins le double de votre objectif de performance. Un rendement capitalisé de 5% par an est cohérent avec une baisse de 10% à 12% entre un point haut et un point bas. Un objectif de 10% par an est cohérent avec un risque de baisse de 20% à 25%. Dans le cas de l'action Apple qui a connu un parcours exceptionnel, le rendement de 30% par an s'est accompagné d'une baisse maximale de près de 61% entre décembre 2007 et novembre 2008, ce qui est parfaitement cohérent. Bien évidemment, on peut tout perdre en investissant dans une seule action, car l'entreprise peut faire faillite.

Le risque pourra se concrétiser dès les premiers mois de votre investissement ou après plusieurs années. Dans les deux cas, cela ne doit pas vous empêcher de dormir. Nous verrons plus tard comment minimiser le risque de fortes pertes rapides en étalant ses investissements dans le temps.

Évidemment, les solutions qui font miroiter un rendement élevé avec un risque faible sont des attrape-nigauds. En creusant, elles comportent toujours un risque de marché, un risque de contrepartie ou un risque de liquidité.

Définir un niveau de risque acceptable et un objectif de rendement réaliste est une étape nécessaire, mais tout à fait insuffisante. Encore faut-il comprendre comment son portefeuille sera construit pour atteindre ses objectifs de rendement et de risque, quels seront les moteurs de performance ainsi que les environnements favorables et défavorables.

Sans cette compréhension, la moindre secousse des marchés déclenchera le mode panique, qui se traduira par une liquidation partielle, voire totale, du portefeuille, souvent au pire moment.

L'ennemi de l'investisseur n'est pas le risque, mais la peur du risque.

Pour un investisseur non sophistiqué, comprendre son portefeuille ne demande pas des efforts surhumains. C'est à la portée de chacun, à condition de lire un peu (vous êtes sur la bonne voie), de préparer les réunions avec votre conseiller financier et de lui poser toutes les questions que vous avez en tête. Vous pouvez même lui envoyer vos questions à l'avance. Si les réponses ne sont pas claires, changez de conseiller. Ensuite, un point trimestriel vous aidera à mieux comprendre et accepter le comportement de votre portefeuille. Puis progressivement, il vous sera facile de respecter votre plan, quel que soit l'environnement de marché.

LES 3 POINTS À RETENIR

— 1 —

Dans un environnement hyper connecté, il est impossible pour un investisseur individuel de gagner durablement de l'argent par des opérations à court terme.

— 2 —

Sur le long terme, les règles du jeu sont très favorables aux épargnants ayant un plan d'investissement à dix ou vingt ans.

— 3 —

Le risque correspond aux fluctuations de la valeur d'un placement. Mieux on comprend la nature d'un investissement, plus on est enclin à en accepter et en supporter les risques.

4. DIVERSIFIER SON RISQUE POUR RESTER INVESTI

Jeudi 24 septembre 1998. Je reçois un appel d'une mutuelle que je ne connais pas. Ses administrateurs souhaitent me rencontrer après avoir perdu en une seule journée plus d'un tiers de la valeur de leur portefeuille d'actions.

Surpris, je pose quelques questions et comprends rapidement le problème. Le président de cette mutuelle, un homme sûr de lui, avait décidé qu'il était inutile de payer des frais pour déléguer la gestion de son portefeuille d'actions et qu'il pouvait le faire lui-même. C'est ainsi qu'il avait investi massivement dans une grosse société française « solide et bien gérée », capable de passer à travers les secousses économiques et les turbulences des marchés. Son choix s'était porté sur Alcatel, une des valeurs phares de l'indice CAC40 à l'époque.

Le jeudi précédent ce coup de fil, Alcatel avait annoncé des résultats décevants et des perspectives peu encourageantes pour les années à venir, et ce seulement dix jours après l'annonce d'une OPE sur le groupe américain DSC Communications.

Une OPE est une offre publique d'échange, qui permet d'acquérir une compagnie en payant en actions les actionnaires de la société cible plutôt qu'en cash. C'est une opération particulièrement intéressante pour l'acquéreur lorsque le cours de son action est élevé. Dans le cas d'Alcatel, le plan était d'augmenter son capital sur la base d'un prix élevé, puis de distribuer les nouvelles actions aux actionnaires de DSC pour régler l'acquisition. Les actionnaires existants allaient certes être dilués, mais, sur le papier, l'opération pouvait se révéler profitable aussi pour eux.

Le problème, c'est qu'une société cotée qui profite de la forte valorisation de son action pour faire une acquisition par échange de titres, juste avant de réviser à la baisse ses perspectives de chiffre d'affaires, ça énerve les marchés !

C'est ainsi que, le 17 septembre 1998, l'action Alcatel a dévissé de 38%, un record parmi les *blue chips* de la bourse de Paris.

Jamais les administrateurs de cette mutuelle n'avaient imaginé qu'ils pouvaient perdre autant en une seule séance. Lors de notre première rencontre, je leur explique qu'en détenant un seul titre, aussi solide soit-il, leur risque théorique était bien plus élevé que s'ils avaient investi la totalité de leur portefeuille en actions de pays émergents. Ils sont choqués.

Pire ils réalisent que, pour effacer la perte de 38%, et revenir à l'équilibre, leur portefeuille doit s'apprécier de 61% ! Ce calcul de base est un deuxième choc pour eux.

Cet exemple extrême illustre les méfaits de la concentration des risques et des excès de confiance.

Certes, Warren Buffett a dit un jour qu'il était contre la diversification, qu'il décrit comme une « *protection contre l'ignorance* ». Comme il sait tout d'une société avant de l'acheter, lui peut en effet se permettre d'être relativement concentré (il est néanmoins investi dans de nombreux secteurs différents, démontrant ainsi son souci de diversification). Les particuliers ne sont pas dans cette position, ils n'ont pas d'équipe d'analystes à leur service et n'ont ni le temps, ni l'envie d'approfondir, ni les compétences d'un professionnel.

La diversification est la seule façon de limiter son risque. Les agriculteurs connaissent depuis toujours les bénéfices de la polyculture. Avant l'introduction des produits phytosanitaires, certains motivés par l'appât du gain s'étaient essayés à la monoculture, d'autres en avaient négligé les risques. Tous ont connu des échecs et ont parfois déclenché des catastrophes, comme la grande famine qui a touché l'Irlande entre 1845 et 1852. Alors que la pomme de terre représentait l'essentiel de la nourriture des habitants, une seule variété, non résistante au mildiou, était cultivée. Lorsque le mildiou a atteint l'Europe du Nord-Ouest à l'été 1845, les plants de pommes de terre ont immédiatement été touchés et les récoltes ont été désastreuses, déclenchant la famine.

Ce phénomène se rencontre aussi dans les forêts. Si les peuplements artificiels de monoculture offrent l'avantage d'une meilleure productivité, les peuplements naturels d'essences mélangées offrent une bien meilleure résistance en cas d'attaque d'insectes ou de conditions environnementales défavorables.

Pour un investisseur particulier, la diversification commence par l'allocation d'actifs. Mieux vaut louer trois petits appartements qu'une grande maison.

Mieux vaut ne pas déposer tous ses actifs dans une seule banque. Mieux vaut ne pas être seulement investi en immobilier ou en actifs financiers. Mieux vaut ne pas avoir que des actions ou des obligations.

Dans la gestion de son patrimoine, rien n'est plus important que l'allocation d'actifs. Pourtant, les investisseurs y consacrent peu de temps, voire pas du tout.

1. Combien de classes d'actifs dans un portefeuille diversifié, et lesquelles ?

Pour construire un portefeuille raisonnablement diversifié, trois classes d'actifs sont à prendre en compte : les emprunts d'État, les actions et les matières premières.

Les emprunts d'État –

Ce sont des obligations émises par les états, pour couvrir leurs besoins de financement à moyen et long terme. Lorsqu'un pays est en déficit budgétaire, il boucle son budget en empruntant sur les marchés. Parmi les obligations les plus connues, on peut citer les obligations assimilables du Trésor (OAT) en France, les Bunds en Allemagne, les BTP en Italie, les Gilts au Royaume-Uni, les Treasuries (ou Treasury bonds) aux États-Unis et les JGB au Japon.

Les emprunts d'État sont des placements très liquides et théoriquement sûrs, car la probabilité de défaut (de non-paiement des intérêts en temps voulu ou de non-remboursement du capital) d'un État développé dont les finances sont stables est faible, quoique non nulle.

Le risque de défaut est bien sûr plus élevé parmi les pays en développement. Parmi les pays qui n'ont pas pu honorer leurs engagements depuis 1990, on peut citer l'Afrique du Sud, l'Algérie, l'Argentine, le Brésil, la Croatie, la Grèce, l'Indonésie, la Russie, la Turquie, l'Ukraine ou le Venezuela. De façon générale, la plupart des pays ayant la faiblesse de résoudre leurs problèmes à court terme par de la dette à long terme finissent par faire défaut ou par dévaluer leur devise pour rembourser en monnaie de singe.

En achetant un emprunt d'État, vous faites un prêt à cet état avec un taux d'intérêt (dit rendement nominal) qui peut être fixe ou variable. Si l'obligation est émise à taux fixe, le montant du coupon annuel est connu à l'avance pour toute la durée de l'obligation. Dans le cas d'un taux variable, le taux d'intérêt sera égal à un taux de référence variable (un indice officiel d'inflation par exemple), avec une marge en plus ou en moins. À l'échéance, ces obligations sont entièrement remboursées par leur émetteur.

- *Les obligations à taux fixe*

Leur prix s'apprécie lorsque les taux baissent et vice-versa. Pourquoi ?

Imaginons un monde où le gouvernement a le monopole de la vente des jeunes poules, celles qui viennent juste de passer à l'âge de pondre. Dans ce monde-là, les jeunes poules sont toujours vendues 24 euros et vivent toutes jusqu'à l'âge de douze ans.

Chaque année, lorsqu'il les met en vente, le gouvernement annonce le nombre d'œufs que les poules pondront par an, durant leurs douze années de vie.

Il y a deux ans, Achille a acheté une poule 24 euros qui produit 30 œufs par an. Sur ses douze années de vie, la production de cette poule représente donc 360 œufs (30 œufs x 12 ans).

Aujourd'hui, soit deux ans plus tard, le gouvernement annonce la mise en vente de nouvelles poules pondeuses. Elles sont toujours à 24 euros, vivent toujours 12 ans, mais le gouvernement annonce qu'elles ne produiront plus que 20 œufs par an durant leur vie.

Achille se demande s'il ne devrait pas vendre sa poule et il commence à estimer sa plus-value. Les jeunes poules vont produire 240 œufs durant leur vie, soit un prix de 0.10 euro l'unité (24 ÷ 240). Comme sa propre poule a encore 10 ans à vivre, soit une production attendue de 300 œufs, il devrait pouvoir en obtenir près de 30 euros, compte tenu du prix actuel de 0.10 euro l'œuf.

De façon similaire, lorsque les taux d'intérêt (les œufs produits) baissent, la valeur d'une obligation (la poule) s'apprécie alors qu'à l'inverse, lorsque les taux d'intérêt montent, la valeur de l'obligation baisse.

De ce fait, si Achille pense que l'an prochain les nouvelles poules mises sur le marché produiront plus de 20 œufs par an, il a tout intérêt à vendre sa poule 30€ et à en acheter une moins cher dans un an. En revanche, s'il pense qu'elles produiront moins de 20 œufs, il gardera sa poule, car sa valeur continuera à s'apprécier.

Les emprunts d'État à taux fixe performent bien dans un environnement de croissance faible, d'inflation en berne ou de déflation. Dans un portefeuille diversifié, leur rôle est d'apporter un rendement et surtout une diversification réelle, grâce à leur corrélation négative avec les actions durant les chocs boursiers. En effet, pendant les crises, les investisseurs ont tendance à vendre leurs actions pour acheter des emprunts d'État jugés plus sûrs. Le transfert d'actifs entraîne une baisse du prix des actions et une hausse du prix des obligations, entraînant du même coup une baisse des taux à long terme.

Au sein d'un portefeuille, on n'achète donc pas seulement des emprunts d'État pour leur rendement, mais aussi pour leur pouvoir de protection en période de crise.

- *Les obligations à taux variable*

Le fonctionnement des obligations à taux variable est similaire. Prenons le cas d'une obligation indexée sur l'inflation. Lorsque le taux réel baisse, son prix s'apprécie et vice-versa. Pour rappel, le taux réel est le taux nominal minoré de l'inflation. Par exemple, si le taux à dix ans est de 3% et l'inflation attendue pour les dix prochaines années est de 1%, alors le taux réel à dix ans est égal à 2%. Si l'inflation anticipée passe de 1% à 2%, alors le taux réel baisse de 1% et le prix de l'obligation indexée sur l'inflation s'accroît en conséquence.

Les obligations indexées sur l'inflation performent bien dans un environnement économique faible avec une inflation croissante (phénomène de stagflation). Elles protègent un portefeuille contre une hausse de l'inflation alors que les emprunts d'État à taux fixe le protègent contre les baisses brutales des marchés d'actions.

Les actions —

Si acheter une obligation revient à prêter à l'émetteur, à un état ou à une entreprise, acheter une action correspond à posséder une part de l'entreprise. C'est très différent, car, dans le premier cas, la seule chose qui compte est que l'emprunteur puisse payer les intérêts de sa dette et rembourser le capital à échéance, alors que dans le second cas, la société doit continuer à croître et à générer des profits croissants pour que sa valeur continue à s'apprécier. Aussi vaut-il mieux acheter les actions de sociétés qui ont de l'avenir !

À l'achat d'un emprunt d'État, le rendement est connu et accepté par l'acheteur et le risque de défaut est quasiment nul. C'est très différent pour une action, dont la valorisation est toujours difficile à estimer, puisqu'elle repose sur des prévisions de croissance d'activité et de profitabilité au cours des prochaines années. Fin 2019, personne ne pouvait imaginer que l'apparition du COVID-19 allait bouleverser le chiffre d'affaires des aéroports ou des compagnies aériennes. Personne ne pouvait non plus imaginer qu'une entreprise de biotechnologie comme Moderna allait voir ses ventes exploser et son cours quintupler en moins d'un an.

La valorisation d'une entreprise reposant sur l'estimation de ses futurs résultats, elle est par définition sensible à tout changement d'environnement : croissance, taux d'intérêt, inflation, taxes, élections, cours des devises et des matières premières, réglementation, concurrence, etc. Tout cela explique pourquoi l'amplitude de variation du cours des actions est plus importante que celle des obligations. Les professionnels appellent cela la volatilité, considérée comme la base de la mesure du risque.

Au sein d'un portefeuille, les actions sont un moteur essentiel de rendement. Elles performent le mieux en période d'économie vigoureuse avec une inflation en baisse.

Mais attention, la diversification s'applique également aux actions. Un portefeuille bien construit est exposé à différents secteurs ainsi qu'à différentes zones géographiques.

Enfin, après les obligations et les actions, une troisième classe d'actifs est à considérer dans un portefeuille diversifié : les matières premières. Leur rôle est d'offrir une protection contre l'inflation.

Les matières premières —

En période de croissance forte, l'exposition aux producteurs de matières premières (principalement énergie et métaux industriels) permet d'améliorer le rendement d'un portefeuille global. Quant à l'or, il renforce la diversification en protégeant contre la baisse des taux réels. C'est l'ultime réserve de valeur, la seule qui ait passé l'épreuve du temps, grâce à son statut unique de réserve de richesse depuis des siècles.

Fin 1948, lorsque Chiang Kai-shek prépara sa fuite, il prit soin de faire transporter clandestinement les réserves d'or de la Chine vers Taiwan. On parle alors de 115 tonnes d'or, soit environ 6.5 milliards d'euros aujourd'hui. Si tous les pays riches ont des réserves d'or, pourquoi un investisseur individuel ne devrait-il pas aussi considérer le métal jaune comme une assurance ultime, en tout cas comme une réserve réelle de richesse dans son portefeuille ?

Cependant, l'or a deux défauts majeurs : sa conservation a un coût et contrairement aux obligations ou aux actions, il ne génère pas de revenu. Aussi est-il plus intéressant à détenir lorsque les taux d'intérêt sont proches de zéro ou mieux, négatifs.

Parmi les actifs qui résistent au temps, on m'interroge parfois sur les diamants. À la différence de l'or, leur valeur est liée à leur qualité, souvent trop difficile à apprécier pour en faire véritablement une valeur d'échange. En revanche, le diamant reste le meilleur concentré de richesse. Il est facile de transporter des millions d'euros en diamants cachés dans la couture de son pantalon, alors que la même valeur en or est impossible à transporter discrètement, en raison de son volume et de son poids.

Dans la mesure où il est pratiquement impossible de stocker les matières premières à l'exception de l'or, une solution consiste à investir dans les actions de producteurs de matières premières et à acheter de l'or physique, soit directement, soit via des ETFs spécialisés. Nous en parlerons plus tard, et nous verrons aussi dans quelle proportion investir dans chaque classe d'actif pour être réellement diversifié.

En attendant, passons en revue quelques classes d'actifs qui ne figurent pas dans notre allocation stratégique à long terme.

Les autres classes d'actifs —

- *Le cash*

Le cash correspond au solde de vos comptes en banque, à vos placements à très court terme en compte à terme ou en sicav monétaires. Il est nécessaire pour faire face aux dépenses courantes et à celles attendues au cours des prochains trimestres (impôts, achat d'une voiture, d'un bateau, etc.), mais n'a pas sa place comme actif stratégique au sein d'un portefeuille à long terme, car son taux de rendement faible, voire négatif, pèse sur la performance. De plus, le cash étant très sensible à l'inflation, le conserver à long terme est la recette la plus sûre pour s'appauvrir.

De façon tactique en revanche, le cash peut être utilisé pour contrôler son risque pendant une crise financière. Son optionalité est attractive, car elle permet de se mettre en position d'attente à moindre coût et d'acheter plus tard un actif à meilleur prix lorsque la baisse attendue se matérialise. Il peut aussi être utilisé pour diluer le risque global d'une allocation à long terme.

- *Les obligations d'entreprises*

Les obligations d'entreprises figurent très souvent dans les portefeuilles diversifiés. Si elles peuvent sembler intéressantes du fait de leur rendement supérieur aux emprunts d'État, leur pouvoir de diversification durant les crises est bien moindre. Lorsque les actions chutent fortement, les obligations d'entreprises ont tendance à être entraînées elles aussi dans la baisse alors que les emprunts d'État s'apprécient.

Pour cette raison et par souci de simplicité, elles ne sont pas incluses dans nos allocations diversifiées construites pour le long terme. Elles auront en revanche toute leur place dans les portefeuilles dont l'horizon d'investissement ne dépasse pas quelques années. Investir dans ces titres via des fonds à maturité fixe sur trois à cinq ans est une excellente façon de recevoir un rendement de 2% à 4% selon la maturité et la notation moyenne des émetteurs, avec un risque limité. En général, ces fonds détiennent des obligations détenues par plus de cent entreprises différentes, ce qui dilue le risque de défaut.

Prenons l'exemple d'un fonds investi en obligations de cent entreprises différentes, toutes émises à cinq ans. La somme des coupons encaissés chaque année représente 4% et le capital est remboursé à l'échéance. Si tout se passe bien, un investissement de 100 euros rapporterait 20 euros de coupons sur les cinq années. Imaginons qu'après trois ans, trois entreprises fassent faillite. Le montant des coupons reçus les deux dernières années représenterait alors 3.88 euros au lieu de 4 euros et à l'échéance, le capital remboursé serait de 97 euros au lieu de 100 euros. Au total, les 100 euros initialement investis auraient généré 19.76 euros de coupons et 97 euros de remboursement du capital, soit un total de 116.76 euros au lieu des 120 euros attendus. Le rendement annualisé sur les cinq ans serait inférieur d'environ 0.5% par rapport au rendement espéré, ce qui n'est pas une catastrophe. Un tel résultat illustre bien la nature limitée du risque des fonds à maturité fixe, à condition de sélectionner un gérant rigoureux, ayant une bonne connaissance de l'univers d'investissement et les ressources suffisantes pour analyser et suivre les émetteurs sélectionnés.

- *Les devises*

Le cas des devises est particulier. Si votre cadre de vie, votre famille et vos intérêts sont en France, alors l'essentiel de votre portefeuille doit être libellé en euros. Naturellement, la part investie en matières premières sera sensible à l'évolution du dollar américain et la part investie en actions aura une exposition indirecte à d'autres devises, y compris via des actions françaises de sociétés exportatrices qui bénéficient des baisses de l'euro. Toutefois, il est difficile pour un investisseur individuel de justifier une allocation stratégique en devises étrangères lorsque ses dépenses courantes et ses centres d'intérêt sont dans la zone euro.

Par ailleurs, d'un point de vue tactique, gagner de l'argent régulièrement en faisant des paris à court terme sur une devise est impossible. L'ère des dévaluations programmées du franc et de la lire est révolue, et bien malin celui qui peut dire aujourd'hui quelles devises s'apprécieront le plus au cours des dix prochaines années. Si nous devions n'en choisir qu'une seule, ce serait le yuan chinois, auquel cas la part du portefeuille investie en actions chinoises en bénéficierait.

Voilà, vous l'avez compris, l'objectif quand on construit un portefeuille n'est pas d'être exposé à tout moment à toutes les tendances, mais de rester investi en permanence tout en minimisant les baisses durant les périodes difficiles.

2. Comment construire son portefeuille pour maximiser les rendements et limiter les pertes en fonction de son profil ?

Le challenge est de s'assurer que son portefeuille est bien diversifié, car en matière d'investissement, la corrélation, à savoir comment deux variables sont reliées l'une à l'autre, est le risque que personne ne voit. Les corrélations peuvent être positives ou négatives : les ventes de glace sont positivement corrélées à la température (plus il fait chaud, plus on consomme de glaces), alors que le temps d'un trajet est négativement corrélé à la vitesse (plus le train va vite, moins le trajet dure longtemps).

Pour être réellement diversifié, un portefeuille devrait ainsi être constitué de classes d'actifs décorrélées entre elles, de façon que lorsqu'une monte, une autre baisse (cf. exemple sur le graphe ci-après). C'est typiquement ce qui se passe entre les actions et les emprunts d'État durant les périodes de crise. Typiquement, mais pas toujours. En effet, les corrélations entre classes d'actifs sont instables et souvent impossibles à prévoir. Ainsi, un actif censé protéger le portefeuille en cas de crise peut parfois voir sa valeur baisser ou ne pas monter lorsque celle-ci survient. Il peut également arriver que toutes les classes d'actif baissent de façon simultanée. De tels événements durent rarement plus d'un mois ou deux et se rétablissent vite. Néanmoins, ils peuvent suffire à éroder la confiance d'un investisseur dans la diversification de son portefeuille, d'où la nécessité de bien comprendre ce qu'on achète, pourquoi on l'achète et quels comportements sont possibles selon les environnements.

Exemple de deux classes d'actifs décorrélées

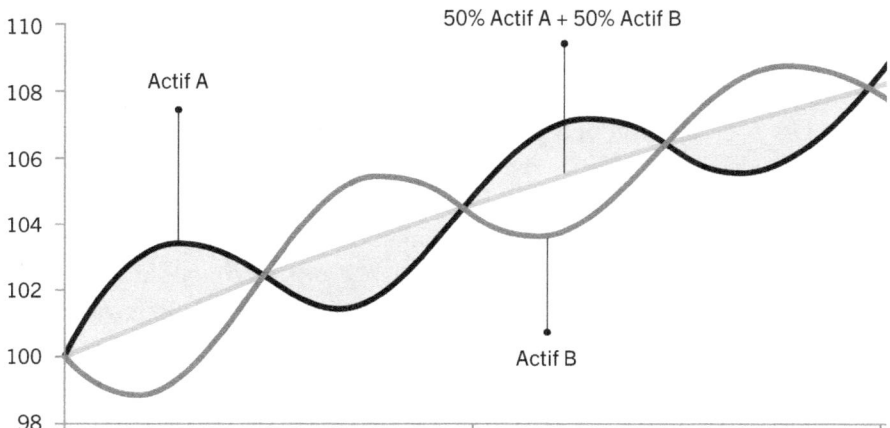

Pour construire un portefeuille véritablement diversifié, deux questions se posent : quelles classes d'actifs doit-il inclure, et comment doit-il être structuré pour atteindre le rendement attendu ?

Comme nous l'avons vu, détenir des catégories d'actifs différentes est indispensable pour gérer le risque du portefeuille et il est possible d'atteindre une bonne diversification en se limitant aux catégories suivantes : les actions, les emprunts d'État à taux fixe et indexés sur l'inflation et les matières premières, via l'or et les producteurs de matières premières.

Les deux composantes essentielles de l'environnement économique étant la croissance et l'inflation, chacune de ces classes d'actif va réagir à la hausse ou à la baisse en fonction de leur évolution par rapport aux anticipations des marchés.

	FAIBLE CROISSANCE	FORTE CROISSANCE
INFLATION EN BAISSE	· Emprunts d'État à taux fixe · Or	· Actions internationales
INFLATION EN HAUSSE	· Emprunts d'État indexés sur l'inflation · Or	· Producteurs de matières premières · Actions internationales

Ces classes d'actifs sont directement influencées par l'environnement économique. Comme dans un moteur à plusieurs cylindres, elles contribuent toutes à la performance globale du portefeuille sur le long terme, mais pas en même temps :
- Les actions internationales performent en période de forte croissance et d'inflation en baisse.
- Les sociétés productrices de matières premières bénéficient des périodes de croissance dynamique et de l'inflation, alors que l'or se tient bien durant les périodes de croissance morose.
- Les emprunts d'État indexés sur l'inflation contribuent à la croissance du portefeuille en période de stagflation (croissance molle et inflation) alors que les obligations gouvernementales à taux fixe performent le mieux en période de croissance faible ou négative (récession), avec une inflation en baisse ou négative (déflation).

La deuxième étape consiste à combiner ces classes d'actifs afin que chacune d'entre elles contribue de façon comparable à la performance et au risque du portefeuille. En matière de gestion financière, diversifier signifie s'assurer que l'essentiel de la performance ou du risque ne provienne pas d'une seule classe d'actif. Notre moteur doit tourner sur tous ses cylindres.

Sous cet angle, la partie matières premières présente un profil de rendement similaire à celui des actions, avec toutefois une corrélation limitée grâce à la combinaison entre producteurs de matières premières et or physique.

Le rendement et le risque des emprunts d'État étant normalement plus bas que ceux des actions et des matières premières, les pondérations du portefeuille à ces classes d'actifs doivent être ajustées afin d'atteindre un niveau similaire de risque et de rendement. D'abord, en se positionnant sur des durées longues (plus la maturité d'une obligation est longue, plus son rendement et son risque sont élevés) et ensuite en achetant davantage d'obligations d'états que d'actions et de matières premières.

Le portefeuille global se compose donc de classes d'actifs différentes, dont les cours montent ou baissent dans des environnements différents. Chacune est structurée pour avoir le même profil de rendement et de risque sur le long terme. En combinant ces catégories d'actifs, le portefeuille délivre un rendement élevé par rapport au risque pris, avec un profil de performance plus régulier qu'un portefeuille diversifié traditionnel.

- *Construire un portefeuille diversifié « dynamique »*

Grâce à cette approche, il est possible de construire un portefeuille avec un objectif de rendement à long terme similaire à celui des actions, mais avec un profil de risque moins élevé. Nous l'appelons Allocation Dynamique et sa composition est la suivante :

	Allocation Dynamique
Actions internationales	21%
Actions de producteurs de matières premières	13%
Or physique	8%
Emprunts d'État à taux fixe	29%
Emprunts d'État indexés sur l'inflation	29%

Cette allocation stratégique est rebalancée sur un rythme trimestriel. Tous les trois mois, on ajuste chaque ligne pour revenir aux pondérations ci-dessus. Concrètement, si à la fin d'un trimestre, les actions sont passées de 21% à 19% du portefeuille et l'or de 8% à 10%, on va vendre 2% d'or et investir le produit de la vente en actions afin de revenir aux poids initiaux de 21% et 8%. En évitant les dérives dans le cas où une catégorie d'actifs surperformerait fortement pendant plusieurs trimestres consécutifs, le rebalancement permet de conserver une allocation équilibrée. Cette opération revient à prendre une partie de ses profits sur les classes d'actifs en hausse et à renforcer ses positions sur les moins performantes. En vendant haut pour acheter bas, elle crée de la valeur pour l'épargnant dans la durée.

Les emprunts d'État étant moins risqués que les actions, nous en détenons davantage pour atteindre un niveau similaire de contribution à la performance et au risque, soit un équilibre avec les autres classes d'actifs.

C'est un peu comme lorsqu'on cuisine un plat à la sauce aigre-douce. Si le vinaigre est très acide, il faut soit en mettre moins, soit ajouter des aliments sucrés pour équilibrer le goût, sinon le plat sera trop aigre.

Le dosage est la clé de l'équilibre d'un portefeuille, non seulement pour avoir un moteur de performance en marche à tout moment du cycle économique, mais aussi pour éviter d'être trop exposé aux actions pour atteindre son objectif de rendement, ce qui serait préjudiciable dans certains environnements de marché.

Ainsi construit, le portefeuille présenté évite de fortes pertes dans la plupart des environnements et permet d'atteindre sur le long terme un objectif de performance proche des actions, avec moins de risque.

Cet équilibre entre classes d'actifs est néanmoins remis en cause en période déflationniste, caractérisée par des taux fixes extrêmement bas et sans perspective de hausse. Dans un tel environnement, les emprunts d'État indexés sur l'inflation n'apportent pas leur rendement attendu et ce moteur de performance se grippe.

Un taux d'emprunt d'État à 10 ans inférieur à 1% signifie que les anticipations de taux pour les dix prochaines années sont extrêmement basses. En effet, un taux à dix ans n'étant rien d'autre que la composition de taux à un an anticipés pour chacune des dix prochaines années, escompter des taux bas pour une période aussi longue revient à anticiper une inflation également très faible sur la période.

Quand les taux sont aussi bas, la capacité des banques centrales à agir pour faire rebondir la croissance est limitée, ce qui accroît le risque déflationniste ainsi que le risque de forte chute des marchés d'actions.

Ainsi, lorsque le taux à 10 ans des emprunts d'État américains devient inférieur à 1%, l'allocation stratégique est modifiée. La part des emprunts d'État indexés sur l'inflation passe de 29% à 17% et ces 12% sont investis à parts égales entre les emprunts d'État à taux fixe et l'or.

Les obligations à taux fixe apportent une protection dans un scénario de croissance en baisse alors que l'or protège contre une reprise de l'inflation. Ainsi combinés, ils apportent une meilleure protection dans un scénario déflationniste.

À titre d'illustration, les deux ont affiché des performances positives en 2008 alors que les obligations d'état indexées sur l'inflation étaient en perte. À nouveau en 2020, les emprunts d'État à taux fixe et l'or ont confirmé qu'ils se comportaient bien dans un environnement déflationniste.

Lorsque le taux à 10 ans des emprunts d'État américains est inférieur à 1%, l'allocation stratégique du portefeuille est ainsi modifiée comme suit :

	Allocation Dynamique	Allocation Dynamique adaptée en période déflationniste
Actions internationales	21%	21%
Actions de producteurs de matières premières	13%	13%
Or physique	8%	14%
Emprunts d'État à taux fixe	29%	35%
Emprunts d'états indexés sur l'inflation	29%	17%

Cette allocation est maintenue tant que le signal déflationniste reste présent. Elle est rebalancée sur une base trimestrielle. Lorsque la situation redevient normale, on revient à l'allocation stratégique initiale.

Le signal de changement d'allocation est simple. Il se déclenche lorsque le taux des emprunts d'État américains à 10 ans passe sous la barre des 1% pendant une semaine. L'allocation reste alors celle présentée ci-dessus (avec 17% d'emprunts d'État indexés sur l'inflation au lieu de 29%) jusqu'à ce que le taux des emprunts d'État américains à 10 ans repasse au-dessus de 1% pendant deux trimestres consécutifs.

Avec cette approche, le signal déflationniste s'enclenche rapidement. Ensuite, de façon à éviter des mouvements d'aller-retour trop fréquents, le retour à la normale n'intervient qu'une fois les craintes de déflation vraiment dissipées.

En matière de rendement et de risque, le portefeuille Allocation Dynamique est construit pour délivrer sur le long terme une performance entre cash +5% et cash +8% par an, avec un risque de baisse de la valeur du portefeuille qui ne devrait pas dépasser 17% entre un point haut et un point bas pour les plus fortes baisses.

La référence au cash correspond au rendement de liquidités investies à très court terme auprès de sa banque et pouvant être retirées à tout moment. Approximativement, il correspond au rendement d'un compte à terme à un mois ou d'une SICAV monétaire. Le rendement du cash est aujourd'hui légèrement négatif dans la zone euro, et tout juste positif aux États-Unis et au Royaume-Uni.

En prenant une hypothèse basse de cash + 5% par an, en approximant le cash à l'inflation et en supposant une inflation moyenne de 2% par an, ce portefeuille dynamique est construit pour réaliser à long terme, disons vingt ans, une performance annualisée de 7%. Au terme des vingt ans, la valeur initiale de 100 représenterait ainsi 387, et la moyenne des plus fortes baisses sur 12 mois glissants se situerait autour de -17%.

Une telle performance est en ligne, voire un peu meilleure, que ce qui peut être délivré par un portefeuille complètement investi en actions, avec un risque de perte beaucoup plus limité puisqu'un portefeuille actions peut perdre plus de 50% de sa valeur. Une fois encore, l'objectif est de garder le risque de perte sous contrôle afin de rester constamment investi et de capitaliser les intérêts sur le long terme.

- *Construire un portefeuille diversifié « équilibré »*

Pour les investisseurs qui souhaitent un profil moins risqué et donc un objectif de rendement moins élevé, l'allocation dans chacune des classes d'actifs peut être réduite en proportion. Le résultat est un portefeuille appelé Allocation Équilibrée, comportant un tiers de risque en moins. Son profil est le suivant :

	Allocation Équilibrée	Allocation Équilibrée adaptée en période déflationniste
Actions internationales	17%	17%
Actions de producteurs de matières premières	10%	10%
Or physique	7%	12%
Emprunts d'État à taux fixe	23%	28%
Emprunts d'État indexés sur l'inflation	23%	13%
Cash	20%	20%

Le portefeuille Allocation Équilibrée étant plus défensif, son objectif est réduit de 20%, soit entre cash + 4% et cash + 6.5% par an, avec un risque de perte entre un point haut et un point bas qui ne devrait pas dépasser 13.5% en moyenne pour les plus fortes baisses.

Ainsi, toujours en considérant que le rendement du cash sur une longue période est proche de l'inflation et en conservant notre hypothèse d'une inflation moyenne de 2% sur vingt ans, le rendement de ce portefeuille équilibré se situerait à 6% (hypothèse basse de cash + 4%). La valeur d'un portefeuille passerait ainsi de 100 à 320 sur la période. Quant au risque, la moyenne des plus fortes baisses sur 12 mois glissants resterait contenue autour de -13.5%.

En ajustant ces pondérations, vous pouvez définir les contours d'un portefeuille répondant précisément à vos attentes en matière d'objectif de performance et de risque.

LES 3 POINTS À RETENIR

— 1 —

Pour capitaliser les intérêts, il est nécessaire de rester investi dans la durée. Cela n'est possible que si les pertes restent dans le périmètre de risque défini et accepté par chaque investisseur.

— 2 —

Seule une réelle diversification permet de limiter les risques. Elle repose sur un portefeuille global combinant des classes d'actifs peu corrélées, chacune contribuant à la performance globale du portefeuille sur le long terme.

— 3 —

Dans l'approche *Slow Money*, Le portefeuille diversifié comprend des actions internationales, des producteurs de matières premières, de l'or physique, des emprunts d'État indexés sur l'inflation et des emprunts d'État à taux fixe. Leurs pondérations sont définies de façon telle que chaque classe d'actifs ait le même profil de rendement et de risque sur le long terme.

5. FAQ 1

De nombreuses informations ont été partagées dans les quatre premiers chapitres. Si je me réfère aux réactions courantes de clients, j'imagine à ce stade les questions que vous pouvez vous poser. Faisons une pause pour les étudier.

1. Dans le cadre d'un investissement à long terme, pourquoi ne pas acheter uniquement des actions pour obtenir le rendement le plus élevé ?

Le fait que les actions surperforment largement sur le long terme est une idée fausse. Le tableau ci-dessous montre les performances de chacune de nos cinq classes d'actif au cours des 21 dernières années :

Au 31/12/2020	Indice	Date de départ	Rendement annualisé	Volatilité annualisée	Corrélation aux actions internationales
Actions internationales	MSCI World Index	Jan. 2000	5.0%	15.6%	-
Emprunts d'État à taux fixe	Bloomberg Barclays long Treasury Index	Jan. 2000	7.8%	10.8%	-0.30%
Emprunts d'État indexés sur l'inflation	Merrill Lynch 15+ US Inflation-Linked Bond Index	Jan. 2000	8.4%	10.7%	0.07%
Producteurs de matières premières	Morningstar Global Upstream Natural Resources Index	Jan. 2001	8.6%	20.6%	0.82
Or physique	Prix spot de l'or (%)	Jan. 2000	9.4%	16.4%	0.11

Source : Bloomberg

Beaucoup d'investisseurs s'étonnent que le rendement des actions soit si bas. Ils sont influencés par l'excellence des performances de ces dix dernières années et oublient que les actions sont restées dans le rouge de 2000 à 2010 !

De fin 1999 à fin 2020, les emprunts d'État à taux fixe et indexés sur l'inflation ont affiché des performances proches, leur corrélation avec les actions étant respectivement négative et nulle. Leur volatilité est similaire, inférieure d'environ un tiers à celle des actions.

Les producteurs de matières premières ont affiché une performance annualisée élevée, avec la plus forte volatilité et aussi la corrélation la plus grande avec les actions.

Quant à l'or physique, c'est la classe d'actif qui a le mieux performé depuis janvier 2000, sa faible corrélation avec les actions confirmant son pouvoir de diversification.

2. Quelle performance peut-on attendre de l'allocation diversifiée de l'approche *Slow Money* présentée dans le chapitre 4 ?

Tout conseiller qui prétend connaître la performance future d'un portefeuille est au mieux un grand naïf, au pire un imposteur. Comme l'a fait remarquer John Kenneth Galbraith, « *il y a deux sortes de prévisionnistes : ceux qui ne savent pas et ceux qui ne savent pas qu'ils ne savent pas.* »

À défaut de boule de cristal, nous pouvons essayer de tirer des leçons du passé. Dans le tableau ci-dessous, les rendements de chaque classe d'actif ont été calculés par périodes de deux ans, de façon à illustrer comment les actifs les plus performants changent et alternent au cours du temps. Des changements radicaux peuvent se produire entre deux périodes. Ainsi, l'or qui était la meilleure classe d'actifs en 2010-2011 a été la moins bonne en 2012-2013.

Rendements annualisés par périodes de deux ans	2000-2001	2002-2003	2004-2005	2006-2007
1er	Gov. Inflat. 14%	Or 22%	Mat. Prem. 26%	Mat. Prem. 43%
2ème	Gov. Tx Fix 12%	Mat. Prem. 20%	Actions Int. 12%	Or 27%
3ème	Or -2%	Gov. Inflat. 16%	Or 12%	Actions Int. 14%
4ème	Actions Int. -15%	Gov. Tx Fix 9%	Gov. Inflat. 9%	Gov. Tx Fix 6%
5ème	-	Actions Int. 3%	Gov. Tx Fix 7%	Gov. Inflat. 5%
Portefeuille équipondéré**	2%	15%	13%	19%

Rendements annualisés par périodes de deux ans	2008-2009	2010-2011	2012-2013	2014-2015
1er	Or 15%	Or 19%	Actions Int. 21%	Gov. Tx Fix 11%
2ème	Gov. Tx Fix 4%	Gov. Tx Fix 19%	Mat. Prem. 4%	Gov. Inflat. 5%
3ème	Gov. Inflat. 4%	Gov. Inflat. 17%	Gov. Inflat. 4%	Actions Int. 2%
4ème	Mat. Prem. -8%	Actions Int. 3%	Gov. Tx Fix -5%	Or -6%
5ème	Actions Int. -12%	Mat. Prem. 2%	Or -12%	Mat. Prem. -16%
Portefeuille équipondéré**	3%	13%	1%	-1%

Rendements annualisés par périodes de deux ans	2016-2017	2018-2019	2020	Rendement annualisé sur 21 ans*
1er	Mat. Prem. 25%	Actions Int. 8%	Gov. Inflat. 25%	Or physique 9,4%
2ème	Actions Int. 15%	Or 8%	Or 25%	Prod. Mat.Prem. 8,6%
3ème	Or 11%	Gov. Tx Fix 6%	Gov. Tx Fix 18%	Oblig. Govt. Inflation 8,4%
4ème	Gov. Inflat. 9%	Gov. Inflat. 5%	Actions Int. 16%	Oblig. Govt. Tx Fixe 7,8%
5ème	Gov. Tx Fix 5%	Mat. Prem. 4%	Mat. Prem. 1%	Actions Int. 5%
Portefeuille équipondéré**	13%	6%	17%	8,7%

Source : Bloomberg

* : Cette colonne représente le rendement annualisé pour chaque classe d'actif du 31/12/1999 au 31/12/2020, à l'exception des producteurs de matières premières, pour lesquels nous prenons l'indice Morningstar Global Upstream Natural Resources depuis sa création le 31/12/2000.

** : Le portefeuille équipondéré correspond à un portefeuille investi à parts égales dans chaque classe d'actifs. Sa performance représente la moyenne des rendements des cinq actifs, avec un rebalancement annuel.

Tous les rendements sont exprimés en USD. Les indices utilisés pour les classes d'actifs sont les suivants : Actions internationales : MSCI World Index (Bloomberg : NDDUWI), Emprunts d'État à taux fixe : Bloomberg Barclays Long Treasury Index (Bloomberg : LUTLTRUU), Emprunts d'État indexés sur l'inflation : Merrill Lynch 15+ Year U.S. Inflation-Linked Bond Index (Bloomberg : G8QI), Producteurs de matières premières: Morningstar Global Upstream Natural Resources Index (Bloomberg : MUNRT), Or physique: cours spot de l'or (Bloomberg: XAU). Les rendements passés ne garantissent pas les rendements futurs.

Bien qu'il n'existe pas de modèle fiable pour prévoir quelle classe d'actifs sera la plus performante au cours des deux prochaines années, il est facile de trouver des arguments pour expliquer pourquoi chacune d'elles pourrait être la meilleure.

Les emprunts d'État indexés sur l'inflation pourraient surperformer les autres actifs en cas de stagflation.

Idem pour l'or.

Les obligations gouvernementales à taux fixe pourraient être la classe d'actifs la plus performante si le monde entrait dans un engrenage déflationniste à la japonaise.

Les actions pourraient être les meilleures en cas de rebond fort et durable de la croissance.

Enfin, les matières premières qui ont sous-performé durant les deux dernières périodes de deux ans pourraient facilement afficher les meilleurs rendements en cas de retour de l'inflation.

La vérité est que personne ne sait.

On peut toutefois avoir une assez bonne perspective en regardant le comportement d'un portefeuille maintenant une pondération de 20% dans chacune des cinq classes d'actifs, avec un rebalancement annuel. La performance de ce portefeuille équipondéré est indiquée en dernière ligne des tableaux précédents ; à 8.7% par an, elle est supérieure à la performance individuelle de quatre des cinq classes d'actifs sur 21 ans. Seul l'or a fait mieux.

Elle est également plus élevée que la moyenne des performances de chaque classe d'actifs sur la même période qui s'élève à 7.8% par an. En renforçant chaque année les positions les moins performantes et en prenant une partie des profits des positions gagnantes, le rebalancement a apporté près de 1% de rendement additionnel par an.

L'année 2020 est intéressante à analyser en détail, car elle a connu deux périodes différentes, à la fois marquées et distinctes. Le tableau ci-après compare le portefeuille diversifié de l'approche *Slow Money* (Allocation Dynamique) avec les actions internationales (indice MSCI World).

	T1 2020	T2 2020	T3 2020	T4 2020	Année 2020
Portefeuille diversifié	-3%	8%	4%	7%	16%
Actions internationales	-21%	19%	8%	14%	16%

Source : Bloomberg. Tous les rendements sont exprimés en USD.

Pour rappel, notre portefeuille diversifié (Allocation Dynamique) est investi en actions internationales (21%), en actions de producteurs de matières premières (13%), en or physique via un ETF (8% ou 14% en période déflationniste – cf. chapitre 4), en emprunts d'État à taux fixes (29% ou 35% en période déflationniste) et en emprunts d'État indexés sur l'inflation (29% ou 17% en période déflationniste).

Au cours du premier trimestre, le portefeuille diversifié n'a perdu que 3.33%, contre 21% pour les actions internationales. Or 3.33% de perte sont bien plus faciles à rattraper qu'une perte de 21%. Il suffit de regagner respectivement 3.45% contre 26.6% !

Si vous perdez moins à la baisse, vous n'avez pas besoin de capturer la totalité du rebond pour finir en tête. C'est ainsi que notre portefeuille Allocation Dynamique a fait aussi bien que les actions en 2020, avec une volatilité beaucoup plus faible. Nous voyons ici toute la beauté d'une bonne diversification.

L'analyse du détail des performances par classe d'actifs permet de mieux comprendre les forces en jeu. En 2020, les moteurs de la performance ont été très différents durant le premier trimestre et les trois trimestres suivants. Les deux perdants du premier trimestre ont été les grands gagnants du reste de l'année.

	Q1 2020	Q2 2020 à Q4 2020
Actions internationales	-21%	47%
Emprunts d'État à taux fixe	21%	-3%
Emprunts d'État indexés sur l'inflation	9%	15%
Producteurs de matières premières	-31%	47%
Or physique	4%	20%
Moyenne arithmétique	**-4%**	**25%**

Source : Bloomberg. Tous les rendements sont exprimés en USD. Les indices utilisés pour les classes d'actifs sont les suivants : Actions internationales : MSCI World Index, Emprunts d'État à taux fixe : Bloomberg Barclays Long Treasury Index, Emprunts d'État indexes sur l'inflation : ICE BofAML 15+ Year US Inflation-Linked Treasury, Producteurs de matières premières : Morningstar Global Upstream Natural Resources Index, Or physique : cours spot de l'or. Les rendements passés ne garantissent pas les rendements futurs.

En 2020, la diversification a permis de contrôler le risque du portefeuille, même au pire de la crise. C'est très important, car, lorsqu'on perd 3%, on ne se pose pas la question de savoir si l'on doit rester investi, alors que pour celui qui était totalement investi en actions, la situation était bien différente !

À fin mars 2020, avec déjà 21% de pertes, un investisseur individuel pouvait légitimement se demander combien de temps l'épidémie allait encore durer. Il pouvait même craindre de voir l'économie s'effondrer ! Imaginant un scénario noir, il pouvait être tenté d'alléger ses positions en actions, bien sûr au pire moment.

Le grand avantage de la diversification, c'est qu'elle aide à passer à travers les crises tout en ménageant ses émotions. Elle permet à l'épargne stable de croître sur le long terme, avec un rendement qui peut être en ligne avec les marchés d'actions, avec un risque acceptable.

Dans l'exemple de ce portefeuille diversifié correspondant à l'allocation dynamique, on peut raisonnablement attendre une performance comparable aux actions internationales avec presque la moitié de risque en moins.

3. OK, je comprends qu'il soit difficile de prévoir l'avenir, mais est-il possible d'avoir plus de détails sur les performances passées du portefeuille diversifié tel que présenté ?
Avant de répondre à cette question, il convient de rappeler que les rendements passés ne garantissent pas les performances futures. Analyser les vingt dernières années, c'est regarder un environnement économique, politique

(voir l'entrée de la Chine dans l'OMC fin 2001 et toutes ses conséquences sur la croissance mondiale), réglementaire, démographique et sanitaire qui sera différent dans les vingt ans à venir.

Si regarder le passé permet de se faire une idée des risques et du mode de fonctionnement de telle ou telle stratégie d'investissement et aide à savoir dans quel environnement elle performe ou non, cela ne permet en aucun cas de faire des projections sur les performances futures.

Sous cette réserve, voici ci-dessous les performances annuelles en USD du portefeuille diversifié correspondant à l'allocation dynamique depuis le 31 décembre 1998, ainsi que les performances annualisées sur des périodes plus longues. Elles sont parfaitement en ligne avec les objectifs, tant en matière de rendement que de risques pris.

1999	2000	2001	2002	2003	2004	2005	2006	2007
5.67%	6.25%	3.67%	13.67%	20.42%	13.67%	10.17%	10.25%	19.92%

2008	2009	2010	2011	2012	2013	2014	2015	2016
-8.58%	17.92%	15.75%	11.67%	11.08%	-6.33%	8.17%	-6.83%	9.08%

2017	2018	2019	2020
12.67%	-5.00%	16.67%	18.25%

1 an	3 ans	5 ans	10 ans	20 ans	2000-10	2010-20
18.3%	9.4%	10.0%	6.5%	8.8%	6.3%	10.3%

4. Je suis déjà investi dans un fonds diversifié. Quelle différence avec l'allocation que vous proposez ?
La plupart des fonds traditionnels dits diversifiés sont en réalité peu diversifiés. Ils proposent une allocation arbitraire entre actions et obligations, et leur performance repose principalement sur la partie investie en actions, ce qui peut conduire à des pertes très élevées et parfois intenables, forçant les épargnants à sortir.

En 2008, certains fonds diversifiés dits équilibrés ont affiché jusqu'à 35% de pertes alors qu'ils étaient théoriquement calibrés pour ne pas perdre plus de 15% à 20% de leur valeur. Le problème est que, dans un portefeuille investi à hauteur de 50% en actions et 50% en obligations, les actions contribuent à plus de 90% du risque global, ce qui ne correspond pas à l'idée que l'on se fait de la diversification !

Dans l'approche *Slow Money*, le portefeuille diversifié cherche à avoir un bon équilibre des risques dans tout type d'environnement.

Selon les périodes, les marchés peuvent être tirés par la croissance, comme dans les années 80-90, ou par l'inflation, comme dans les années 70. Un portefeuille réellement diversifié ne doit pas être influencé par une seule classe d'actifs et doit pouvoir performer dans tous les environnements économiques. Il est construit pour délivrer une performance élevée tout en limitant les pertes durant les périodes difficiles, grâce à un bon dosage des risques entre classes d'actifs.

N'oubliez pas, votre objectif est de construire un portefeuille dans lequel vous resterez investi, pour pouvoir capitaliser les intérêts sur le long terme.

5. Les portefeuilles diversifiés tels que présentés ont délivré de bonnes performances dans le passé, mais sont-ils toujours adaptés pour les années à venir ?
Un des avantages de notre allocation diversifiée est qu'elle ne demande pas de comprendre le présent ni de prévoir l'avenir. Tout au plus doit-on regarder si les taux longs signalent un environnement déflationniste et adapter les pondérations si nécessaire. L'idée est donc bien de pouvoir traverser toutes sortes d'environnements économiques.

Début 2021, la dette massive des états développés, le niveau de chômage, la pandémie en cours et l'innovation technologique étaient des forces déflationnistes importantes. Pour les contrecarrer, des politiques fiscales et monétaires ont été mises en place par les gouvernements et banques centrales.

Après un rattrapage rapide post-vaccination, le résultat attendu à long terme est une croissance faible avec une inflation limitée. Dans un premier temps, la création monétaire a seulement permis de neutraliser la déflation, ce qui explique pourquoi la planche à billets n'a pas créé d'inflation durant la crise.

Par ailleurs, un des effets de cette politique fiscale et monétaire dite expansionniste (ou accommodante) est l'augmentation des inégalités, qui conduit à la montée des populismes et accroît l'instabilité politique.

Il est évidemment impossible de savoir quel va être le résultat de la combinaison de ces éléments. Chaque région du monde peut être impactée différemment, la situation peut déboucher sur une inflation élevée ici ou une forte déflation là, avec toutes les variantes possibles entre les deux.

L'éventail des scénarios possibles est probablement le plus large que nous ayons eu l'occasion de voir de notre vivant. Et la probabilité d'un dénouement extrême est certainement plus élevée que ce que nous avons connu au cours des dernières décennies.

Dans ce contexte, investir son épargne de façon diversifiée n'assure peut-être pas d'obtenir le rendement le plus élevé au cours des dix prochaines années, mais cela reste le meilleur moyen de faire face à toute situation inattendue tout en minimisant ses risques, et cela tout en continuant à faire croître son capital.

6. Est-ce que la diversification marche bien durant les crises, lorsque tous les actifs baissent en même temps ?
Une erreur couramment répandue consiste à croire que, durant une crise, l'ensemble des classes d'actifs voient leur valeur s'effondrer de façon concomitante et que la diversification n'apporte pas les résultats escomptés. Dans la plupart des cas, la réalité est que les investisseurs ne sont pas suffisamment diversifiés.

La vraie question est de savoir quelles sont les classes d'actifs qui diversifient lorsqu'on en a le plus besoin, c'est-à-dire durant les crises.

Historiquement, les emprunts d'État à long terme et l'or se sont bien comportés pendant les épisodes de récession forte. Le tableau ci-dessous montre comment ces deux classes d'actifs ont tenu leur rôle de diversification au cours des quatre dernières grandes baisses des actions, caractérisées par des chutes de 20% ou plus (par souci de simplicité, les chiffres ont été arrondis).

	Explosion de la bulle internet (04/2000 - 09/2002)	Crise financière 2008 (11/2007 - 02/2009	Crise de l'euro 2011 (05/2011 - 09/2011)	Pandémie de COVID-19 (01/2020 - 03/2020)
Actions internationales	-47%	-54%	-20%	-21%
Emprunts d'État à taux fixe	+35%	+17%	+26%	+21%
Or physique	+16%	+18%	+4%	+4%

Source : Bloomberg. Tous les rendements sont exprimés en USD. Les indices utilisés pour les classes d'actifs sont les suivants : Actions internationales : MSCI ACWI Index, Emprunts d'État à taux fixe : Bloomberg Barclays Long Treasury Index, Or physique : cours spot de l'or. Les rendements passés ne garantissent pas les rendements futurs.

Durant ces mêmes périodes, d'autres classes d'actifs fréquemment utilisées dans des portefeuilles soi-disant diversifiés ont baissé en ligne avec les actions.

Obligations à haut rendement	-8%	-26%	-7%	-13%
Hedge funds	-2%	-21%	-9%	-12%

Source : Bloomberg. Tous les rendements sont exprimés en USD. Les indices utilisés pour les classes d'actifs sont les suivants : Obligations à haut rendement : ICE BofA US High Yield Index, Hedge Funds : HFRI Fund-Weighted Index. Les rendements passés ne garantissent pas les rendements futurs.

Lorsqu'on construit un portefeuille diversifié, il est donc essentiel de choisir des classes d'actifs qui se comportent de façon différente en fonction de l'environnement économique et de doser correctement leur pondération au sein du portefeuille.

Dans notre solution, ceci est réalisé en choisissant des classes d'actifs peu corrélées et en allouant un poids plus élevé aux moins risquées d'entre elles. Ainsi, elles peuvent contribuer à la performance globale du portefeuille dans des proportions similaires aux classes d'actifs les plus risquées.

7. Pourquoi détenir autant d'obligations d'état alors que les taux sont très bas ?

Dans un contexte de taux bas généralisés, la question est parfaitement légitime. En effet, si l'on regarde chaque position ligne à ligne, détenir 35%, voire 42.5%, de son portefeuille dans des emprunts d'État à long terme dont les coupons sont à peine positifs n'est pas très excitant.

Avec des taux aussi bas, on peut naturellement craindre un retour vers des niveaux plus élevés. Chacun a encore en tête des taux longs supérieurs à 5% en France et les plus anciens se souviennent même de taux supérieurs à 10%.

Étant bien incapables de prédire l'avenir, nous nous rappelons que ces inquiétudes quant aux risques de remontée des taux longs se posaient déjà au Japon au début des années 2000. Depuis, les taux ont continué à baisser. Nous savons aussi que, même au Japon, un portefeuille obligataire bien construit a généré un rendement supérieur au cash et à l'inflation depuis vingt ans.

La pente de la courbe des taux est importante pour assurer une bonne performance dans un contexte de taux bas. Pour rappel, elle correspond à la différence entre les taux longs et les taux courts.

Courbe des taux de 0 à 30 ans (France - juin 2021)

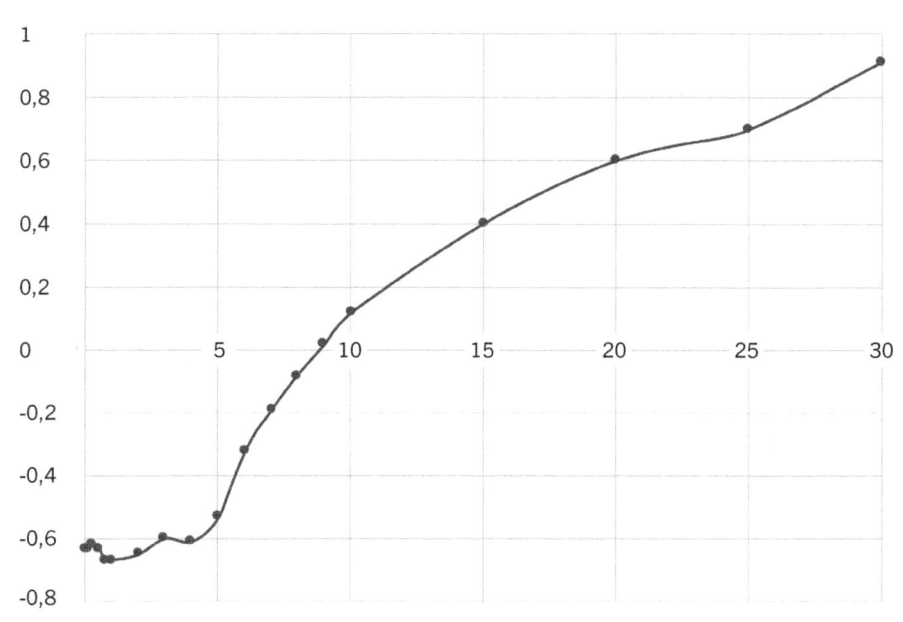

Source : Factset

Dans un environnement de taux stables, il est possible de générer un rendement supérieur au taux à l'achat des obligations en roulant simplement ses positions. À titre d'exemple, prenons une personne qui achète une obligation à 30 ans à un taux de 1% par an. Cinq ans plus tard, elle a reçu un coupon de 1% chaque année. Par ailleurs, même si les taux n'ont pas baissé sur la période, la valeur de l'obligation s'est appréciée puisque le taux d'intérêt à 25 ans est plus bas que celui à 30 ans.

Sur des durées aussi longues, le gain en capital généré par une différence de 0,25% entre les taux à 30 ans et à 25 ans peut représenter environ 4%, soit autant que le coupon encaissé chaque année. Ainsi, si les taux restent stables, en vendant l'obligation à 30 ans après cinq ans et en rachetant une nouvelle obligation à 30 ans, on obtient un rendement finalement attractif malgré un taux nominal bas.

Lorsque les banques centrales maintiennent leurs taux directeurs à des niveaux très bas pendant de longues périodes pour lutter contre des forces déflationnistes, les prix des autres classes d'actifs s'envolent et, en conséquence, leur rendement attendu baisse. À titre d'exemple, la prime de risque des actions se situe historiquement entre 4% et 5%. Cela signifie que sur le long terme, elles génèrent un rendement de 4% à 5% supérieur au cash, ce qui fait une différence énorme après 10 ou 15 ans grâce à l'effet boule de neige des intérêts composés.

Avec des taux actuellement très bas, on doit donc attendre des rendements futurs relativement faibles, non seulement des emprunts d'État, mais aussi de la plupart des classes d'actifs.

Plus important, il est essentiel de garder à l'esprit que, sans emprunt d'État en portefeuille, une nouvelle baisse des taux pourrait générer de lourdes pertes, car les baisses interviennent généralement lorsque les prévisions de croissance économique déçoivent. Dans un tel scénario, les actions plongeraient ainsi que les producteurs de matières premières et les positions en or physique ne suffiraient pas à compenser les pertes.

Certes, en cas de baisse des marchés d'actions, la marge de manœuvre des banques centrales pourrait être plus limitée que dans le passé du fait de taux directeurs déjà très bas. Ceci ne ferait qu'accroître le risque des actions qui, en l'absence de stimulus, pourraient baisser très fortement.

Il convient donc de toujours garder tous les moteurs de performance au sein du portefeuille diversifié, même s'il est clair qu'un ou deux moteurs peuvent ne pas bien performer pendant plusieurs années.

De la même façon qu'une baisse des taux bénéficie à toutes les classes d'actifs, une hausse des taux peut aussi toutes les affecter à court terme.

La question est donc de savoir quels sont les environnements propices à une hausse des taux d'intérêt.

Il y en a essentiellement deux : l'amélioration de la croissance économique et la hausse de l'inflation. Dans chacun de ces cas, notre portefeuille diversifié serait bien positionné pour performer, grâce à ses positions en actions et en producteurs de matières premières dans le premier cas et grâce aux emprunts d'État indexés sur l'inflation et aux producteurs de matières premières dans le second.

Le plus difficile pour un investisseur est de rester investi en permanence dans les quatre moteurs de performance du portefeuille diversifié. Ils ne sont pas tous supposés fonctionner en même temps, mais, dans la plupart des scénarios, au moins un moteur permettra de tirer l'ensemble et de faire croître l'ensemble du portefeuille.

Lorsqu'on regarde sa performance, il est donc essentiel de se concentrer sur la performance globale du portefeuille diversifié. C'est absolument clé, car si l'on se concentre sur les performances de chacune des classes d'actifs, il y en a toujours une qui sous-performe, parfois de façon prévisible, et l'on peut être tenté d'interférer en changeant les pondérations. C'est à ce moment que le portefeuille va perdre son équilibre, ce qui peut mener à de fortes pertes en cas de retournement de marché inattendu.

Bien sûr, il est utile de regarder les performances de chaque classe d'actifs, mais seulement dans un deuxième temps, pour comprendre comment l'ensemble fonctionne en fonction de l'environnement économique.

8. Dans quel environnement le portefeuille diversifié performe-t-il mal ?

Il est important de comprendre comment la stratégie présentée fonctionne, pourquoi elle délivre le rendement attendu sur le long terme et quels sont les environnements défavorables. Cela vous évitera d'alléger voire de liquider votre portefeuille au pire moment durant ces périodes.

Schématiquement, le portefeuille apporte une exposition équilibrée à un ensemble de classes d'actifs. Chacune d'entre elles surperforme le cash (ou les SICAV monétaires) sur le long terme, mais il existe des périodes où le cash est la meilleure classe d'actifs. Cela n'arrive pas souvent et ces périodes sont généralement courtes.

Lorsque les banques centrales relèvent leurs taux de façon inattendue, le cash tend à surperformer les actifs risqués. C'est arrivé en 1994, une année noire à la fois pour les actions et les emprunts d'État.

Durant les périodes de panique, lorsque les investisseurs sont contraints de vendre tous leurs actifs pour récupérer des liquidités, toutes les classes d'actifs peuvent connaître un trou d'air simultané. Chacun se souvient des deux premières semaines de mars 2020 ou du début du mois de septembre 2008.

Il arrive aussi que les marchés passent par des épisodes de recorrélation aussi soudains que brutaux, comme en février 2018. Toutes les classes d'actifs baissent alors en même temps et il n'y a aucun moyen d'y échapper si l'on veut rester investi.

Qu'il s'agisse de panique ou de recorrélation soudaine, ces périodes ne durent jamais longtemps parce qu'elles déclenchent des réponses de la part des autorités monétaires. Si le cash venait à surperformer durablement, plus personne n'investirait dans des actifs plus risqués. Les entreprises et les particuliers ne pourraient plus emprunter à long terme, la machine économique se gripperait et ce serait la fin du capitalisme.

Pour permettre au système de se normaliser durant ces événements exceptionnels, des réponses monétaires et fiscales se mettent en place. Les marchés réagissent à la hausse et à la baisse selon les classes d'actifs jusqu'à ce qu'un nouvel équilibre soit retrouvé. Lorsque toutes les classes d'actifs chutent en même temps, les projections de rendement attendu deviennent plus élevées et créent d'excellentes opportunités pour acheter bas.

En relatif, notre portefeuille diversifié tend à sous-performer les actions lorsque celles-ci sont les plus performantes parmi les classes d'actifs. Choisir d'investir dans un portefeuille diversifié pour le long terme signifie opter pour un profil de rendement moins chaotique qu'un portefeuille d'actions.

La maîtrise des risques permet de rester investi et de réaliser un rendement élevé sur une longue période. Toutefois, sur le court terme, cela peut se traduire par une sous-performance par rapport à la meilleure classe d'actifs. Notre objectif n'est pas d'être surpondéré dans la meilleure classe d'actifs chaque année et nous acceptons que d'autres gérants soient plus performants sur des périodes d'un an, voire de quelques années.

Faire croître son épargne à long terme est un marathon et notre approche *Slow Money* est bâtie dans cette seule optique.

9. Quelle est la durée de placement recommandée ?

Prises une à une, toutes les catégories d'actifs peuvent avoir de mauvaises performances sur dix ans. Certaines périodes peuvent être très difficiles pour chacune d'entre elles, mais, si vous les détenez sur le long terme au sein d'une allocation bien diversifiée, cette sous-performance est acceptable.

Le portefeuille diversifié de l'approche *Slow Money* est construit pour faire croître votre capital dans la durée, donc plus celle-ci est longue, mieux c'est. Une durée minimum de cinq ans semble raisonnable, même si les intérêts composés prennent toute leur importance sur des durées plus longues.

Un des avantages du portefeuille diversifié est sa liquidité. Elle permet d'avoir un horizon long, tout en sachant qu'il sera possible de récupérer son épargne à tout moment en cas d'accident de la vie, d'opportunité ou de besoin inattendu. Cette liquidité est un grand avantage par rapport à l'immobilier.

ADAPTER

PARTIE DEUX

6. QUELS OBJECTIFS VOUS FIXER ?

Une des raisons du succès de la pizza est qu'elle peut être adaptée à tous les goûts. Tomate, fromage, légumes, jambon, bœuf, thon, toutes les combinaisons sont possibles pour répondre aux préférences de chacun.

Une bonne solution d'investissement doit également être flexible et modulable, de façon à répondre aux besoins spécifiques de chaque investisseur.

Ainsi, le portefeuille diversifié de l'approche *Slow Money* tel que décrit en première partie est adaptable. Que vous recherchiez des revenus réguliers ou une croissance à long terme, que vous ayez ou pas des vues de marché, que vous souhaitiez ou non boursicoter en achetant des actions en direct, le portefeuille diversifié vous sera utile pour atteindre vos objectifs.

Il sera votre boussole, constituera le socle, la base stable de votre portefeuille, celle qui ne changera pas quoi qu'il arrive. Géré de façon systématique, il vous protégera de vos erreurs de jugement. Il préservera aussi l'épargne de ceux qui chercheront à recevoir des revenus. Et parfois, il sera suffisant pour répondre à toutes vos attentes, notamment si vous avez un horizon à long terme et souhaitez limiter le temps passé à gérer vos finances.

Définir vos objectifs nécessite de vous poser quelques questions simples. D'abord, quel est votre horizon de placement ? Votre épargne est-elle stable ou avez-vous un projet à financer dans trois ans, cinq ans, voire plus ? Évidemment, plus votre horizon sera court, moins vous devrez prendre de risques.

1. Connaître son horizon de placement pour définir un risque acceptable

Connaître son horizon de placement est indispensable pour définir le niveau de risque que l'on est prêt à accepter. Si vous souhaitez acheter une maison d'ici trois ans, le plus sage est de protéger votre épargne. Vous pourriez investir l'essentiel sur trois ans à taux fixe et une petite partie — disons 10% à 20% — dans un portefeuille diversifié défensif. Vous feriez ainsi croître votre capital en prenant un risque global limité, de l'ordre de 2% à 3%.

Pour de nombreuses personnes, même avec un capital stable, un horizon de placement long ne se traduit pas toujours par un grand appétit au risque.

La seule idée que l'épargne d'une vie de travail puisse s'évaporer en quelques mois n'incite guère à la prise de risque. La principale crainte est celle d'une perte catastrophique. Dans ses pires cauchemars, l'épargnant sélectionne un placement dont le risque est de 20%, et perd rapidement 20%. Mécontent, il change de banquier. Pour se refaire, il investit dans un nouveau produit dont le risque est également de 20% et il perd à nouveau. Après avoir répété l'opération trois fois, il a perdu près de la moitié de son capital. Cinq fois et il lui en reste moins d'un tiers !

Ces histoires de casino n'appartiennent pas au monde *Slow Money*.

Investir ne consiste pas à faire une succession de paris, mais à construire un portefeuille robuste, capable de naviguer dans tout type d'environnement et de capitaliser les intérêts.

Typiquement, dans l'exemple ci-dessus, l'erreur n'est pas d'avoir choisi un produit trop risqué, mais d'avoir changé de produit au pire moment et d'en avoir acheté un autre au pire moment également.

Si un tel enchaînement de pertes arrive rarement dans la vraie vie, il est courant de voir des clients couper leurs positions après avoir essuyé de fortes pertes, non tant parce qu'ils ne peuvent pas les supporter que parce qu'ils ne comprennent pas la situation et veulent arrêter l'hémorragie.

En matière d'investissement, il existe un taux dit « sans risque ». C'est celui que vous obtenez en investissant à très court terme auprès de contreparties d'excellente qualité, ou dans une bonne SICAV monétaire. Chaque fois que votre rendement est supérieur à ce « taux du cash », vous prenez un risque.

Si le taux du cash est à zéro et si votre banque vous garantit 2% sur un placement à trois ans, cela peut vous sembler sans risque, mais vous prenez un risque de contrepartie, car vous pouvez tout perdre si la banque fait faillite.

Pour mémoire, fin 2005, personne ne prévoyait que Lehman Brothers ferait faillite trois ans plus tard. À Hong Kong, Citibank vendait alors des produits de placement émis par Lehman Brothers, qui étaient perçus comme « sans risque » par ses clients particuliers, ceux-là mêmes qui ont manifesté ensuite pendant des années devant ses agences, après avoir tout perdu. Ils n'avaient pas compris le risque lié à la performance qu'ils achetaient. Qui plus est, ce risque était concentré sur un seul émetteur.

Puisqu'il n'y a pas de performance sans risque, quel niveau de risque est-il raisonnable d'accepter pour atteindre son objectif de performance ? Il existe de nombreux papiers académiques sur le sujet, mais de manière empirique, si l'on attend d'une stratégie de placement qu'elle délivre un certain rendement par an sur la durée, on doit être prêt à supporter une perte entre un plus haut et un plus bas au moins équivalente au double de cet objectif de rendement annuel.

Le graphe ci-après représente un placement dont la performance s'élève à 7% par an, soit un quasi doublement du capital après dix ans. Sur cette période, une perte maximale de 14% entre un point haut et un point bas est cohérente avec une performance de 7% par an. En comparaison, un placement qui aurait délivré le même rendement annuel avec une perte maximale de 25% devrait être jugé moins intéressant, car plus risqué.

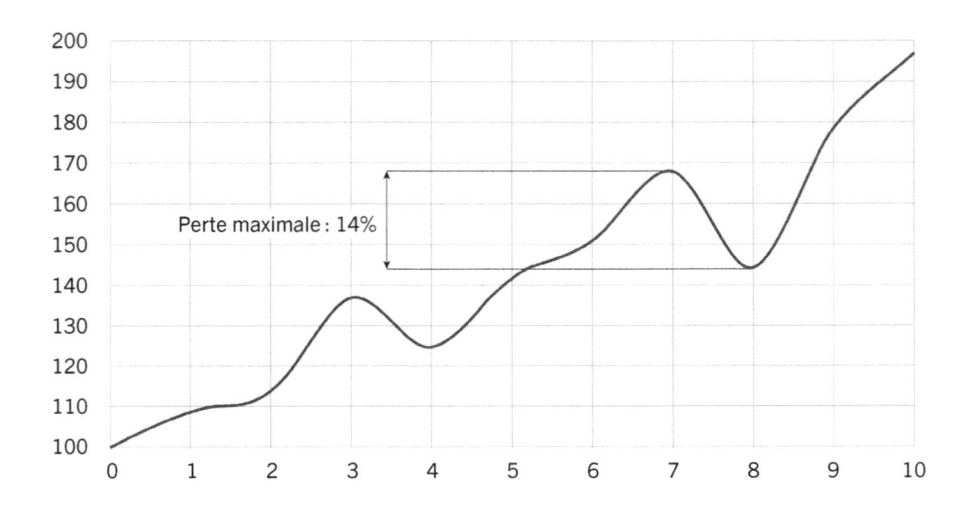

```
200 ┤
190 ┤
180 ┤
170 ┤
160 ┤           Perte maximale : 14%
150 ┤
140 ┤
130 ┤
120 ┤
110 ┤
100 ┤
    └────────────────────────────────
    0  1  2  3  4  5  6  7  8  9  10
```

Autrement dit, si un fonds de placement présente une performance sur les cinq à dix dernières années de 10% par an, avec une perte maximale entre un plus haut et un plus bas de 12%, ce qui est excellent, un investisseur réaliste devrait être conscient que le risque de perte sera certainement plus proche de 20% que de 12% à l'avenir.

Il est important d'avoir ce chiffre en tête, car si ce produit était soudainement amené à perdre 20%, il n'y aurait pas de raison particulière de s'alarmer, toutes choses égales par ailleurs.

Une telle perte serait en effet cohérente avec la performance annualisée de 10%. Si le risque de perte maximale d'un investisseur individuel s'élève à 15%, alors ce produit n'est pas pour lui. Malgré sa perte maximale de 12% au cours des dix dernières années, il est probable qu'un jour ou l'autre, il finira par perdre 20%, forçant alors l'épargnant à couper sa position. Avec un peu de malchance, une telle perte pourrait se produire seulement quelques semaines après l'investissement.

De même que pour les rendements, les risques passés ne garantissent pas les risques futurs.

Ce rapport de un à deux entre la performance annualisée et le risque de perte maximale est en soi excellent. Il n'est atteint qu'en diversifiant bien son portefeuille, car, prises isolément, toutes les classes d'actif présentent un risque supérieur sur une longue période.

Une fois votre objectif de rendement et votre niveau de risque définis, vous choisirez le profil de portefeuille diversifié qui vous correspond exactement. De même qu'en fin de première partie, nous sommes passés d'une allocation dynamique à une allocation équilibrée, vous ajusterez les pondérations à la hausse ou à la baisse afin de construire votre propre portefeuille personnalisé, tout en maintenant les proportions entre classes d'actifs.

Si vous n'avez pas de projet particulier d'utilisation de votre capital à moyen terme, l'étape suivante consiste à définir ce que vous en attendez.

2. Connaître ses objectifs de placement et définir les piliers de son portefeuille

Souhaitez-vous protéger votre capital contre l'inflation pour préserver votre pouvoir d'achat ? Souhaitez-vous le faire grossir davantage ? Ou en attendez-vous des revenus réguliers ?

La réponse à ces questions vous permettra de définir votre stratégie d'investissement, qui s'appuiera sur un, deux ou trois piliers en fonctions de vos attentes.

L'APPROCHE *SLOW MONEY*

1er pilier Portefeuille diversifié 30% - 100%	2ème pilier Portefeuille de revenu 0% - 70%		3ème pilier Portefeuille de préférences 0% - 50%	
Allocation Dynamique ou Équilibrée Allocation diversifiée ajustée en fonction des objectifs de performance et de risque	**Actions à dividende croissant**	**Société foncières et obligations**	**Protéger son capital :** Cash, or, emprunts d'État à taux fixe, …	**Faire croître son capital au plus vite :** Actions, obligations d'entreprise, matières premières
30% - 100%	30% - 70%	30% - 70%	0% - 100%	0% - 100%
Protéger et faire grossir son épargne à long terme	Assurer des revenus réguliers		Être impliqué dans la gestion de son portefeuille en intégrant ses convictions	

Le premier pilier ou le socle de vos placements financiers —

Le premier pilier est le portefeuille diversifié présenté dans le chapitre 4. À la fois stable et toujours investi, il doit représenter entre un tiers et la totalité de votre portefeuille. C'est le socle de vos placements financiers, la partie qui cherchera à capitaliser les intérêts dans la durée et aussi la boussole qui donnera le cap au reste du portefeuille. Ce premier pilier sera en effet la référence à laquelle toutes les autres parties du portefeuille se compareront en termes de risque et de performance, leur objectif étant soit d'apporter plus de performance, soit de diminuer les risques. Sinon, à quoi bon se compliquer la vie ?

C'est le pilier parfait pour les épargnants ayant peu d'intérêt pour la gestion financière et ne souhaitant pas y consacrer de temps.

Ma femme appartient à cette catégorie. Si j'étais passé sous un camion il y a dix ans, elle aurait conservé la totalité de notre épargne dans ce pilier focalisé sur la diversification des risques (les différents supports existants seront passés en revue dans la troisième partie consacrée à mise en œuvre de la stratégie d'investissement). Par la suite, elle se serait contentée de vérifier la stabilité de l'équipe de gestion et le maintien de l'approche d'investissement. Sans y passer plus d'une heure par trimestre, elle aurait réussi non seulement à protéger notre patrimoine contre l'érosion monétaire, mais aussi à le faire croître.

Le deuxième pilier pour générer des revenus et faire croître le capital —

Le deuxième pilier est le portefeuille de revenu. Il vise à produire des revenus réguliers tout en faisant croître votre capital de façon modérée. C'est typiquement la partie de votre portefeuille qui viendra compléter votre salaire ou votre retraite. Le cas échéant, les revenus de ce pilier s'ajouteront à ceux générés par vos investissements directs en immobilier locatif.

Un portefeuille obligataire aurait théoriquement sa place dans ce portefeuille de revenu. Nous préférons néanmoins nous concentrer sur les actions et les foncières, considérant le rendement offert par les obligations d'entreprises actuellement trop faible par rapport au risque pris. Cette position pourra être revue plus tard, en fonction de l'évolution de l'environnement économique.

En attendant, ces obligations seront réservées aux investissements ayant un horizon plus court, de l'ordre de deux à cinq ans.

Notre portefeuille de revenu est constitué de deux jambes. La première comprend des entreprises solides qui versent régulièrement à leurs actionnaires une partie de leurs bénéfices sous la forme de dividendes, alors que la seconde comprend des sociétés foncières qui gèrent de grands parcs immobiliers ou logistiques et encaissent des revenus reversés sous forme de dividendes.

- *La première jambe du portefeuille de revenu : des entreprises solides qui augmentent régulièrement leurs dividendes*

Afin de conserver un minimum d'équilibre à votre portefeuille global, la partie générant des revenus ne devrait pas représenter plus d'un tiers de celui-ci. Dans les faits, la taille du deuxième pilier dépend du montant de revenus dont vous avez besoin.

La sélection des entreprises de ce pilier est faite de façon stricte et disciplinée. Elle se concentre sur des sociétés solides, avec une bonne visibilité sur la croissance de leurs résultats. Pour les identifier, un bon indicateur consiste à regarder l'évolution des dividendes au cours des dix dernières années ou plus. Les entreprises qui parviennent à augmenter leurs dividendes chaque année sont en général bien ancrées, avec des marques fortes et des parts de marché dominantes dans leur industrie.

Parmi quelques exemples qui viennent en tête, Procter & Gamble (marques Gillette, Pampers, ...) a constamment augmenté son dividende depuis 63 ans, 3M (Post-it, Scotch-Brite, Scotch, ...) a fait de même depuis 62 ans, Coca-Cola depuis 58 ans, Johnson & Johnson (Johnson's, Neutrogena, Band-Aid, Acuvue, ...) depuis 57 ans, Stanley Black & Decker depuis 52 ans, L'Oréal depuis 36 ans, EssilorLuxottica (Varilux, Ray-Ban, Sunglass Hut, ...) depuis 26 ans, Nestlé depuis 24 ans, Novartis depuis 22 ans.

On trouve également des sociétés spécialisées moins connues du grand public, mais qui n'ont rien à envier aux grands noms ci-dessus. Ainsi, le danois Coloplast, leader mondial du soin des stomies et de l'incontinence, a accru son dividende chaque année au cours des 23 dernières années. Idem pour Fresenius Medical Care, leader mondial des services de dialyse.

Bien sûr, la plupart de ces sociétés n'ont pas connu un parcours aussi glorieux qu'Apple, Google, Samsung Electronics ou Tencent au cours des quinze dernières années. Il est donc important d'être très clair sur l'objectif du portefeuille de revenu : il ne cherche pas à battre un indice ou à être investi dans les actions les plus performantes, son objectif vise à générer des revenus en croissance tout en protégeant le capital, notamment contre l'érosion monétaire (l'inflation).

L'avantage de détenir des valeurs solides avec un long historique de versement de dividendes, c'est que vous n'êtes pas tenté de les vendre durant les fortes baisses des marchés d'actions. Vous savez que leurs cours fluctuent à la hausse ou à la baisse, parfois même fortement. Pour vous, peu importe, car votre objectif n'est pas de vendre vos titres, mais bien de les conserver pour encaisser leurs dividendes.

Vous comprenez maintenant pourquoi Warren Buffett a un estomac solide. Il est plus facile d'accepter une perte de 50% lorsque l'une de vos principales positions est Coca-Cola que lorsqu'il s'agit d'une petite entreprise de technologie qui n'a jamais généré de bénéfice.

- *La seconde jambe du portefeuille de revenu : les sociétés foncières*

L'activité des sociétés foncières consiste à développer et gérer des portefeuilles d'immeubles d'habitation, de bureaux, de centres commerciaux, d'hôtels ou d'entrepôts et de plateformes logistiques pour répondre au développement du e-commerce.

Ces biens loués et maintenus en bon état peuvent aussi être revendus en cas d'opportunité ou de recentrage du portefeuille global. Si sa taille est suffisante et s'il est bien géré, celui-ci produira des bénéfices réguliers que les sociétés foncières sont tenues de distribuer presque en totalité à leurs actionnaires.

Investir dans des foncières pour recevoir des revenus présente de multiples avantages.

D'abord, vous ne vous occupez de rien : la négociation des emprunts immobiliers, des baux, l'encaissement des loyers, la chasse aux mauvais payeurs, l'entretien des immeubles, etc. Tout cela est pris en charge par la société foncière. Ensuite, les foncières vous donnent accès à un éventail de biens beaucoup plus large que ce que vous pourriez acheter en direct. Elles vous permettent de diversifier non seulement la nature de vos biens, mais aussi leur location. Nous poursuivons toujours le même objectif qui est de diversifier notre patrimoine. Au lieu de quelques appartements à Paris, il est préférable de détenir via des foncières des actifs immobiliers d'habitation, de bureaux, de logistique, etc. dans les grandes villes d'Europe, des États-Unis et d'Asie.

Construire un portefeuille de revenu est simple. Nous verrons comment faire plus en détail dans les deux prochains chapitres, qui aborderont aussi les taux de rendement que l'on peut en attendre. Ce portefeuille est facultatif. Si vous ne recherchez pas de complément de revenus, il n'est pas nécessaire.

Le troisième pilier pour suivre ses convictions —

Le troisième pilier est le portefeuille de préférences. C'est ici que vos préférences ou vos vues de marché seront intégrées au sein de votre portefeuille global. Vous avez des convictions ? Vous aimez investir directement ? Vous voulez protéger votre capital temporairement en raison d'un environnement particulier ? Vous avez identifié des opportunités et souhaitez accélérer la croissance de votre portefeuille global ? Vous n'avez pas de vue précise sur les marchés, mais souhaitez déléguer une partie de votre gestion à des professionnels en achetant leurs fonds ? C'est au sein du portefeuille de préférences que vous ferez toutes ces opérations.

En intégrant des positions tactiques plus opportunistes, le troisième pilier viendra ainsi compléter le premier, qui lui est stable, global, toujours diversifié et géré de façon systématique sans vue de marché.

Ce troisième pilier est flexible, sa taille dépend de vos capacités à gérer un portefeuille et du temps que vous souhaitez y consacrer.

D'une façon générale, il est recommandé de ne pas allouer plus de 50% du portefeuille global au portefeuille de préférences. Simplement parce que vous êtes votre meilleur ennemi : le jour où vous ferez face à une situation difficile (couper ou ne pas couper une position ?), un tas d'émotions viendront brouiller vos idées et vous empêcheront de prendre la bonne décision en temps voulu. Le premier pilier, lui, n'a pas d'émotions, il est géré de façon systématique, construit pour traverser tout type d'environnement. Il connaîtra aussi des périodes de pertes, ne sera pas toujours le plus performant, mais, dans la durée, il délivrera ce pour quoi il a été construit : un rendement qui permettra à votre capital de croître en capitalisant les intérêts.

Quasiment tous les actifs peuvent trouver leur place dans le portefeuille de préférences.

Parmi ceux visant à protéger votre capital, selon l'environnement, on retrouve le cash, des devises telles que le franc suisse et le yen japonais, les emprunts d'État de la zone euro, américains et japonais, ou encore l'or. Ces actifs sont généralement détenus sur de courtes périodes durant des crises de marché, le temps d'y voir plus clair.

Pour faire croître votre épargne plus rapidement qu'avec le portefeuille du premier pilier, les actifs qui pourront retenir votre intérêt seront essentiellement le crédit (les obligations d'entreprises), les actions cotées et les actions d'entreprises non cotées.

- *Les obligations d'entreprise*

Les rendements offerts par les obligations d'entreprises sont plus élevés que ceux des emprunts d'État à taux fixe et leur risque est tout à fait acceptable durant les phases de croissance de l'économie. En fonction de son appétit pour le risque, on peut aller chercher des obligations à haut rendement, émises par des sociétés moins solides donc plus risquées, ou des obligations d'entreprises basées en Asie, qui paient des rendements structurellement plus élevés qu'en Europe ou aux États-Unis. Il est néanmoins important de garder à l'esprit que, comme les obligations d'entreprises sont corrélées aux actions lorsque celles-ci baissent fortement, on ne peut pas en attendre l'effet protecteur ou diversifiant des emprunts d'État à taux fixe de pays développés.

- *Les actions d'entreprises cotées*

Les actions offrent de nombreuses possibilités pour accélérer la croissance de votre portefeuille selon l'environnement. On peut prendre position après une forte baisse, choisir une région ou un secteur particulier qui semble prometteur ou décider d'investir dans des petites capitalisations qui surperforment les grandes entreprises sur longue période. On peut évidemment souhaiter prendre plus de risques via la sélection d'un titre spécifique. Acheter Apple au lancement de l'iPhone en 2007 ou Tesla au lancement du Model S en 2012 aurait permis de multiplier votre investissement respectivement par près de trente fois et cent fois, à condition d'avoir conservé ces titres. Même pour de petits montants, de tels investissements contribuent à améliorer la croissance d'un portefeuille.

- *Les actions d'entreprises non cotées*

À la fois risquées et illiquides, les actions non cotées peuvent dégager d'excellentes performances. Elles peuvent être pour certains épargnants l'occasion de garder un pied dans les affaires. En matière d'allocation, cette partie ne devrait toutefois pas représenter plus de 10% du portefeuille de préférences, compte tenu des risques élevés de perte en capital.

Le troisième pilier, celui de vos préférences, est le réceptacle de vos convictions ou de celles de votre conseiller en gestion de patrimoine. En déviant du portefeuille diversifié du premier pilier, votre objectif est d'améliorer la performance de l'ensemble. À chaque décision d'investissement, il convient toutefois d'être bien conscient que toutes les positions de ce pilier auront un impact direct sur le risque global.

Les positions visant à protéger votre épargne pourront générer un manque à gagner. Combien d'épargnants ont gardé beaucoup trop de cash au cours des dix dernières années, par peur d'une baisse des marchés d'actions ?

À l'inverse, les positions visant à la faire croître plus vite augmenteront directement les risques de perte en cas de retournement des marchés. Prendre des risques ne pose pas de problème en soi, mais cela suppose d'avoir les moyens de les assumer lorsqu'ils se matérialisent. D'où l'intérêt d'avoir un plan d'action clair si tout ne se passe pas comme prévu et d'être suffisamment discipliné pour exécuter son plan le cas échéant.

Après trois à cinq ans, vous verrez par vous-même si grâce à ce portefeuille de préférence (votre troisième pilier) vous avez apporté de la valeur par rapport au portefeuille diversifié *Slow Money*, en matière de performance et de risque. L'idéal est de réussir à générer un rendement plus élevé avec un écart moindre entre les valorisations les plus hautes et les plus basses du portefeuille sur la période.

Pour illustrer le fonctionnement des trois piliers, prenons l'exemple concret de Martine et Bruno. 53 ans chacun, avec deux enfants en fin d'études, ils habitent à Lille, où ils sont propriétaires d'un appartement d'une valeur de 700.000 euros qui est intégralement payé. Leur épargne stable s'élève à 1.3 millions d'euros.

Ils ont pour projet d'acheter une résidence secondaire sur la Côte d'Opale, pour un budget d'environ 500.000 euros. Afin de bénéficier des taux d'intérêt attractifs, ils apporteront 100.000 euros et emprunteront 400.000 euros sur 20 ans, au taux de 1.36%, assurance comprise. Les mensualités de leur emprunt immobilier s'élèveront à 1.950 euros par mois, soit 23.400 euros par an.

Leur stratégie d'investissement est la suivante :

Pilier 1
700.000 euros dans le portefeuille *Slow Money* Allocation Équilibrée, avec un objectif de rendement entre cash +4% et cash + 7% (soit 5% à 8% par an, avec une hypothèse d'inflation de 1% sur la période), pour un risque moyen de perte entre un point haut et un point bas de 13%. Ce budget de risque est acceptable pour Martine et Bruno, ils ont compris le fonctionnement de ce pilier et en cas de crise majeure, ils sont prêts à accepter des pertes temporaires un peu supérieures afin de rester investis et de capter le rebond.

En capitalisant les intérêts à un taux de 6% par an (cash + 5%), dans 12 ans, lorsqu'ils partiront à la retraite, leur capital aura doublé. Ce calcul est valable toutes choses égales par ailleurs. Si l'inflation sur la période s'élève à 6% au lieu de 1% dans notre simulation, alors le taux de rendement de cash +5% s'élèvera à 11% par an sur la période et après 12 ans, les 700.000 euros de capital initial auront été multipliés par 3.5 et représenteront près de 2.450.000 euros. Le pilier 1 ne se contente donc pas de faire grossir le capital, il protège également le pouvoir d'achat.

Pilier 2
450.000 euros dans le portefeuille de revenu, en actions de sociétés solides qui ont régulièrement augmenté leurs dividendes au cours des dix dernières années et en actions de sociétés foncières de qualité, avec un objectif de revenus de 4.5% par an. Ce pilier 2 générera 20.250 euros de dividendes par an, soit 14.175 euros après impôts ou 1.180 euros net par mois. Pour

honorer leurs mensualités de 1.950 euros, ils devront mettre de côté 770 euros par mois, ce qui est tout à fait faisable pour eux. Après quelques années, l'appréciation des dividendes reçus les mettra moins à contribution. Et lorsqu'ils partiront à la retraite d'ici une dizaine d'années, la valeur de leur pilier 2 se sera appréciée ainsi que les dividendes. Cette hausse viendra compenser un effort d'épargne qui sera moindre une fois à la retraite.

Pilier 3
50.000 euros dans le portefeuille de préférences. Martine et Bruno souhaitent rester impliqués dans la gestion de leur épargne et pensent que la meilleure façon de comprendre le fonctionnement du pilier 1 est de gérer eux-mêmes une petite portion de leur capital. Leur objectif consiste à faire au moins aussi bien que le pilier 1 en moyenne sur les cinq années à venir.

LES 3 POINTS À RETENIR

— 1 —

Avant de commencer à réfléchir à vos investissements, il convient de vous interroger sur vos objectifs, en termes d'horizon de placement, de rendement attendu et de risque accepté.

— 2 —

L'approche *Slow Money* repose sur trois piliers : le premier, construit de façon systématique, n'intègre aucune vue de marché et cherche à diversifier ses risques pour limiter ses pertes. Il vous permet de rester investi en permanence et de capitaliser les intérêts sur le long terme. Le deuxième pilier, optionnel, cherche à générer des revenus réguliers tout en faisant croître le capital dans la durée. Quant au troisième pilier, également optionnel, il permet de personnaliser votre portefeuille à partir de vos propres idées et convictions.

— 3 —

La cohérence des objectifs et la discipline de la mise en œuvre sont essentielles pour obtenir des résultats à long terme à la hauteur de vos attentes.

7. LE PORTEFEUILLE DE REVENU — LES ACTIONS À DIVIDENDE

Commençons par éliminer une question récurrente : un portefeuille de revenu doit-il nécessairement être constitué d'actifs qui paient des dividendes ou des coupons ? La réponse est non. Il est tout à fait possible de se verser un revenu en vendant régulièrement une petite partie de son épargne investie à long terme.

Prenons trois portefeuilles distincts :

• **Le premier est constitué d'une seule obligation** qui verse un coupon de 5% tous les ans. Sa valeur de marché fluctue en fonction de l'évolution des taux d'intérêt (voir notre histoire des poules et des œufs en première partie) et, à l'échéance, l'obligation est remboursée à 100.

Sur dix ans, sa valeur évolue comme suit :

Année	Valeur	Évolution	Coupon
0	100	-	-
1	104	+4.0%	5
2	106	+1.9%	5
3	99	-6.6%	5
4	101	+2.0%	5
5	104	+3.0%	5
6	108	+3.8%	5
7	98	-9.3%	5
8	101	+3.1%	5
9	102	+1.0%	5
10	100	-2.0%	5

• **Le deuxième est un portefeuille diversifié** qui génère sur le long terme un rendement de cash + 4% par an. En prenant pour hypothèse une inflation annuelle moyenne de 1% sur la période, le rendement moyen s'est également élevé à 5% par an. Au lieu de recevoir un revenu, l'épargnant choisit de racheter 5% de la valeur initiale de son placement chaque année.

Sur dix ans, sa valeur évolue comme suit :

Année	Valeur liquidative du portefeuille diversifié	Évolution	Capital investi	Montant des parts rachetées	Capital investi après rachat des parts
0	100	-	100	-	
1	109	+9.0%	109	5	104
2	117	+7.3%	111.6	5	106.6
3	112	-4.3%	102.1	5	97.1
4	123	+9.8%	106.6	5	101.6
5	128	+4.1%	105.7	5	100.7
6	139	+8.6%	109.4	5	104.4
7	129	-7.2%	96.9	5	91.9
8	140	+8.5%	99.7	5	94.7
9	152	+8.6%	102.8	5	97.8
10	163	+7.3%	105	5	100

- **Le troisième est un portefeuille de revenu investi en actions.** La première année, il distribue 4% de dividendes, puis le montant des dividendes progresse de 7% par an. Ainsi, sur dix ans, le total des dividendes distribués s'élève à 55.3, soit 5.5 par an en moyenne. Quant à la valeur des entreprises en portefeuille, elle s'est appréciée de 30% sur la même période.

Sur dix ans, sa valeur évolue comme suit :

Année	Valeur	Évolution	Dividendes
0	100	-	-
1	115	+15.0%	4
2	123	+7.0%	4.3
3	108	-12.2%	4.6
4	110	+1.9%	4.9
5	112	+2.7%	5.2
6	115	+2.6%	5.6
7	92	-20%	6.0
8	112	+21.7%	6.4
9	125	+11.6%	6.9
10	130	+4.0%	7.4

1. Comparaison des performances et des revenus de chacun des portefeuilles sur dix ans

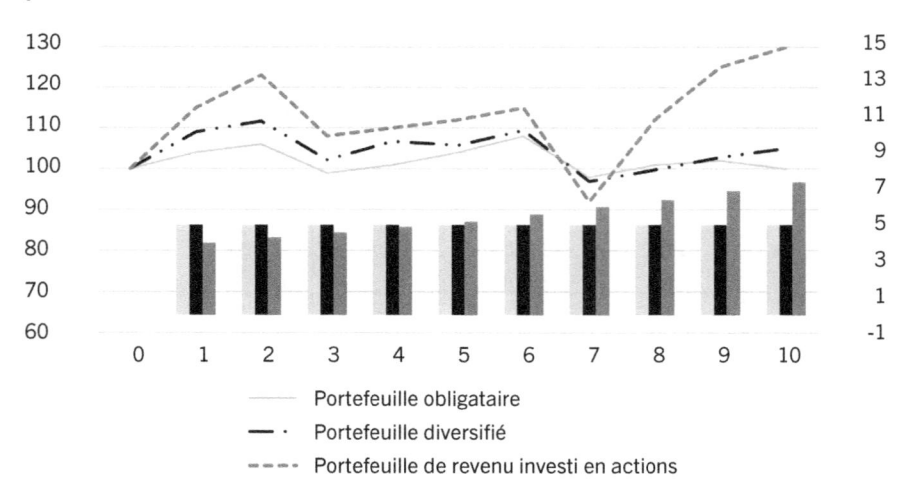

```
        Portefeuille obligataire
    — · Portefeuille diversifié
    ---- Portefeuille de revenu investi en actions
```

- **Le premier, le portefeuille obligataire, est le plus conservateur.**
Sauf défaut de paiement, il vous assure de recevoir 5% chaque année et de récupérer votre mise après dix ans. Son principal risque est l'inflation. En cas de hausse des prix, les coupons de 5% perdront progressivement de leur pouvoir d'achat, de même que le remboursement du nominal à l'échéance, qui vaudra toujours 100, mais ne se sera pas apprécié en ligne avec l'inflation.

- **Le deuxième, le portefeuille diversifié, n'a pas une performance garantie.**
Sur le graphique, les 100 investis initialement sont valorisés à 105 après dix ans. Toutefois dans la vraie vie, rien n'assure qu'ils ne puissent pas être inférieurs à 100. Supportant des risques différents, la valorisation de cette solution diversifiée fluctue davantage que celle du portefeuille obligataire sur la période.

En l'absence de garantie, il est néanmoins raisonnable d'attendre de ce portefeuille diversifié un rendement annualisé de cash +4% sur dix ans, soit l'équivalent du rendement du portefeuille obligataire en cas d'inflation moyenne de 1% sur la période. En comparaison avec le portefeuille obligataire, cette solution offre une meilleure protection contre l'inflation puisque si le rendement des taux à court terme (soit du cash) étaient amenés à monter, l'objectif de réaliser cash + 4% serait maintenu.

Dans cette configuration, la partie « revenus » ne résulterait pas directement du paiement de coupons ou de dividendes. Le montant des revenus annuels serait ajusté en fonction de ses besoins par un rachat de parts du portefeuille diversifié. Comme indiqué sur le tableau, si la valeur du portefeuille passe de 100 à 109 la première année, un rachat de parts pour une valeur de 5 équivaut alors au versement d'un revenu de 5%. Après paiement de ce revenu, la valeur du portefeuille passe ainsi de 109 à 104 en fin d'année 1.

- **Le troisième, le portefeuille de revenu, protège mieux le capital contre l'inflation sur le long terme, à condition d'être discipliné dans la sélection des actions.**

Toutefois, la valeur du capital peut fluctuer grandement en fonction de l'évolution des marchés d'actions.

L'autre avantage de cette approche est la distribution de dividendes croissants. Inférieurs à ceux des deux premières approches au cours des trois premières années, ils sont ensuite au même niveau puis peuvent continuer à progresser avec le temps.

Si la troisième solution peut sembler la plus intéressante à long terme, elle est plus volatile et ne s'adresse qu'aux épargnants capables de rester investis, quel que soit l'environnement de marché.

Le niveau de stress créé par des pertes non réalisées constitue la bonne jauge pour mesurer son appétit au risque. **Sans surprise, nous sommes généralement plus capables de supporter les risques sur les investissements que nous comprenons, que sur ceux qui nous échappent !**

Imaginons qu'un de vos collègues vous parle du potentiel d'une action chinoise comme Yatsen Holding. Créée en 2016, cette entreprise de cosmétique a été introduite à la bourse de New York en novembre 2020. Ses ventes ont été multipliées par huit entre 2018 et 2020, et on s'attend à ce qu'elles doublent encore en 2021. À défaut de faire des bénéfices, elle a gagné des parts de marché et a établi une marque phare, Perfect Diary (完美日记).

Intéressé par son potentiel, vous vous dites que L'Oréal pourrait bien acheter Yatsen d'ici quelques années, avec une forte plus-value à la clé. Mieux, vous vous dites que vous tenez peut-être là, le prochain L'Oréal… Vous décidez donc d'investir 1% de votre capital dans le cadre de votre portefeuille de préférences. Votre ordre est exécuté le 5 février 2021 à 23$ l'action. Le 10 février, le cours monte en séance jusqu'à 25.47$. Plus de 10% de gains en quelques jours seulement, vous vous dites que vous tenez là un bon tuyau. Puis l'action commence à baisser. Vous essayez de savoir pourquoi, mais il ne semble pas y avoir d'explication spécifique à l'entreprise. Le cours continue à baisser, il clôture à 18.10$ le 25 février. En moins de trois semaines, vous avez perdu 21% de votre investissement.

Le lendemain, vous y pensez toute la journée et réalisez que vous ne connaissez pas Yatsen Holding. Personne autour de vous n'a entendu parler de cette société. Vous faites alors des recherches et découvrez qu'en trois ans, Perfect Diary a seulement commencé à percer parmi les marques de maquillage en Chine. Vous comprenez aussi que malgré la récente baisse, la société est valorisée 12 milliards de dollars, soit quinze fois son chiffre d'affaires de 2020 et plus de huit fois ses ventes attendues en 2021. Sur de telles bases, la valorisation pourrait être divisée par cinq, voire passer sous les 3$, sans que personne ne crie au scandale. L'action chuterait alors bien en dessous de son prix d'introduction de novembre 2020 qui s'élevait à 10.50$.

Plus vous listez les aléas possibles et les inconnues concernant cette société, plus votre niveau de stress monte. Finalement, vous décidez d'attendre l'ouverture de la bourse de New York le soir même et de vendre si le titre est en baisse.

Le 26 février 2021, Yatsen Holding ouvre au cours de 17.99$, en baisse de 0.60%. Vous décidez d'attendre un peu pour voir si le titre rebondit. Une heure plus tard, il est à 17.07$ et vous vendez, la mort dans l'âme. Vous avez perdu plus de 25% en quinze jours de bourse.

Une telle perte n'a rien d'extraordinaire. Lorsqu'on investit en actions en direct, quel que soit le titre acheté, on sait qu'une perte de 25% est possible. Le problème ici n'est pas la perte, mais le stress lié à la perte et à toutes les inconnues qui sont autour.

Lorsque vous achetez les actions d'une société solide et connue, la situation est complètement différente. Par exemple, imaginons qu'intéressé par son dividende de 3%, vous ayez acheté l'action Pepsico début janvier 2020. Vous gagnez rapidement 10%, puis le cours baisse sous les premiers effets d'annonce du covid-19 et la baisse s'accélère. Vers le 20 mars, vous avez perdu environ 25%, exactement comme pour l'investissement dans Yatsen Holdings.

Dans votre tête, la situation est différente, car vous n'êtes pas en territoire inconnu. Pepsico possède des marques établies. Pepsi, Gatorade, Quaker, Tropicana, Lay's, Doritos, Lipton, ça vous parle et vous savez qu'avec ou sans covid-19, leurs produits continueront à être consommés. Enfin, une des raisons pour lesquelles le titre est dans votre portefeuille de revenu est que la société a augmenté son dividende chaque année au cours des 49 dernières années. Vous avez acheté le titre pour le long terme et savez que vous recevrez vos 3% de dividendes, que le cours finisse l'année en hausse ou en baisse.

Les dividendes ne mentent pas. Loin des fraudes comptables et autres manipulations des bénéfices, un dividende payé est de l'argent réel versé aux actionnaires. Une progression régulière des dividendes d'une société témoigne de l'évolution positive de sa profitabilité. Elle apaise les investisseurs qui tiennent à leur sommeil.

> Ces deux exemples n'ont pas pour objet de recommander Pepsi à l'achat et Yatsen à la vente. Ils cherchent à illustrer comment le stress de l'inconnu accroît l'aversion au risque.

2. Comment construire un portefeuille de revenu

Si vous décidez d'inclure des actions dans votre portefeuille de revenu, il est essentiel de comprendre comment les titres sont sélectionnés et ce même si vous investissez à travers un fonds ou un ETF. Cela vous apportera la quiétude nécessaire pour rester calme et conserver vos positions durant les phases de marché difficiles.

Pour construire un portefeuille de revenu, la première étape consiste à définir un univers d'investissement en filtrant les entreprises qui ont payé des dividendes depuis un certain nombre d'années — le plus souvent, entre 10 ans et 25 ans — et celles dont les dividendes ont été augmentés chaque année d'un pourcentage minimal, généralement compris entre 5% et 15%.

Par exemple, l'univers d'investissement de Goldman Sachs Asset Management pour sa stratégie *Rising Dividend Growth* regroupe les entreprises qui ont accru leur dividende d'au moins 10% par an pendant au cours des dix dernières années.

À partir de cet univers, on compare bien sûr la croissance attendue du chiffre d'affaires et des bénéfices. On cherche aussi à estimer la solidité financière et la capacité à maintenir le paiement des dividendes, en regardant respectivement le ratio d'endettement (comparant les dettes aux fonds propres) et le ratio de distribution (pourcentage de bénéfices distribués). Enfin, on s'assure de la diversification sectorielle et géographique du portefeuille afin de ne pas se retrouver qu'avec des compagnies pétrolières anglaises et américaines.

Au risque de surprendre, le taux de rendement des dividendes n'est pas un critère de sélection pertinent pour construire un portefeuille de revenu. Ne regarder que les dividendes sans s'assurer que l'entreprise a la capacité de se développer et de les faire croître est une folie.

Les compagnies de tabac sont un bon exemple. Pour attirer ou conserver leurs actionnaires, elles versent des dividendes très élevés, souvent compris entre 5% et 10% du prix de leur action. Le problème est que leurs ventes plafonnent et que leur avenir est incertain. Si des dividendes sont payés alors qu'ils ne devraient pas l'être, alors des difficultés risquent d'apparaître. En distribuant une trop grande part de ses bénéfices, une entreprise dispose de moins de ressources pour financer sa croissance. Si elle s'endette ou augmente son capital, les actionnaires se verront dilués et le risque financier augmentera.

C'est pourquoi il est préférable de se concentrer sur la croissance de la valeur intrinsèque d'une entreprise. Pour cela, on analyse ses cash flows, les différents risques de son activité, sa profitabilité et les décisions stratégiques prises par son management.

Le rendement des dividendes n'est pas directement lié la création de richesse, et leur croissance n'est intéressante que si elle correspond à une poursuite de la croissance attendue par ses dirigeants dans le futur. Aussi, le rendement des dividendes en tant que tel n'est jamais une raison pour acheter une action. La qualité de l'entreprise, sa profitabilité et sa flexibilité financière restent les clés de la sélection.

Toutes choses égales par ailleurs, nous entendons par « qualité » des actifs hautement profitables, des flux de trésorerie stables et une dette contenue.

Quant à la flexibilité financière, elle correspond aux amortisseurs qui aident les sociétés à surmonter les crises. Elle est liée à un taux d'endettement limité et à une profitabilité élevée.

En fin de compte, développer une entreprise consiste à faire des choix en matière d'investissements de croissance et de financement de ces derniers. Un juste équilibre doit être trouvé entre le versement de dividendes, la solidité du bilan et la nécessité de continuer à investir pour assurer une poursuite de la croissance et des bénéfices sur le long terme.

Si vous souhaitez vous constituer un portefeuille de revenu, vous pouvez le faire en direct ou via des fonds ou des ETFs. Outre des frais moins élevés, l'intérêt des ETFs est qu'ils cherchent à répliquer un indice dont la méthodologie est à la fois transparente et claire.

Par exemple, State Street gère une famille d'ETFs appelés *Dividend Aristocrats* sur des univers différents (Global, US, Euro, UK, Pan Asia et pays émergents), qui répliquent les indices S&P High Yield Dividend Aristocrat correspondants.

Ces indices sont construits à partir d'une approche simple dont les grandes lignes se résument en quelques points. Pour être sélectionnées, les entreprises doivent avoir augmenté ou maintenu leurs dividendes sur des durées variant entre 7 ans et 20 ans selon les indices (20 ans pour les US, 10 ans pour la zone euro et l'indice international). Ensuite, leurs dividendes doivent être inférieurs aux bénéfices et le rendement de dividende doit être inférieur à 10%.

Enfin, aucun secteur ou pays ne peut représenter plus de 30% du portefeuille total. En achetant ces ETFs, vous savez donc ce que vous détenez et comment ces titres ont été choisis.

Vous pouvez préférer choisir directement les titres de votre portefeuille de revenu. Cela vous demandera plus de travail, mais vous permettra d'affiner et de personnaliser votre méthode de sélection. Et si vous avez de l'intérêt pour les actions, c'est aussi une très bonne façon de vous initier à l'investissement.

Pour construire et gérer votre portefeuille en direct, vous pouvez vous concentrer sur des valeurs de première qualité, des *blue chips* connues pour leur stabilité, leur profitabilité, leur taille et leur histoire. Vos critères de sélection pourront être les suivants (à vous de les adapter à votre

convenance) :
- Des dividendes ont été distribués chaque année depuis au moins 12 ans
- Ils ont toujours été maintenus et augmentés au moins cinq fois au cours des douze dernières années
- Les bénéfices ont progressé au moins sept fois au cours des douze dernières années
- La société présente une note de crédit à long terme au moins égale à A pour S&P ou Fitch, et à A2 pour Moody's (les notes de crédit de ces entreprises cotées sont publiques, elles se trouvent facilement sur Google)
- La capitalisation boursière est supérieure à 5 milliards d'euros
- Les dividendes ne représentent pas plus de 80% des bénéfices

Le choix de ces critères est simple. Ils permettent de définir un univers d'analyse fiable, qui correspond aux sociétés de taille moyenne et large, de bonne qualité, liquides, suivies par les grands investisseurs et présentant un historique de profitabilité solide.

Un tel filtrage est aujourd'hui à la portée de tous et ne prend que quelques minutes. Parmi les sites internet gratuits, finance.yahoo.com propose de nombreuses possibilités de filtrage, alors que des sites payants comme stockrover.com ou simplywall.st ont des fonctionnalités plus complètes.

L'univers ainsi défini permet de sélectionner environ 200 sociétés de qualité cotées dans le monde. L'étape suivante consiste à comparer la valorisation de ces titres, ce qui est un exercice subjectif. Les analyses disponibles en ligne peuvent être utiles pour comprendre le rationnel derrière un objectif de prix, différent selon les analystes.

En aucun cas ces analyses ne doivent être suivies aveuglément. Aux indicateurs de valorisation traditionnels (PER, PEG, Price to Book, etc.) s'ajouteront des indicateurs liés aux dividendes, comme le payout ratio (pourcentage des bénéfices versés sous la forme de dividendes) et le rendement de dividende comparé à son historique.

Les entreprises de qualité dont le modèle de développement ne change pas tendent à avoir un rendement de dividende assez stable, évoluant de façon répétitive entre un plus haut et un plus bas relativement peu dépendants du niveau des taux d'intérêt, à l'exception des financières et de la plupart des utilities (sociétés de services telles que les fournisseurs d'électricité, de gaz, etc.).

Une action qui s'éloigne de la moyenne historique de son rendement de dividende peut signifier qu'elle est sous- ou surévaluée. Sous réserve du respect des critères de qualité vus précédemment, l'atteinte d'un point extrême accroît la probabilité d'un retour à la moyenne. Un tel signal représente un indicateur supplémentaire de surévaluation ou sous-évaluation d'un titre.

Lorsqu'un titre apparaît surévalué, sauf à ce que le dividende soit augmenté et vienne relever le niveau de surévaluation, il est prudent de vendre afin de capter les bénéfices et de les réinvestir dans des titres offrant un meilleur potentiel d'appréciation, si possible situés dans le même secteur.

À l'inverse, les titres sous-évalués feront l'objet d'une analyse visant à s'assurer de leurs fondamentaux ainsi que du maintien de leur dividende. Ils seront alors achetés et viendront accroître le rendement du portefeuille de revenus.

Tous les titres entre les deux zones de sous- et surévaluation seront conservés et continueront à être suivis, la croissance des dividendes étant plus importante que l'évolution des cours d'un mois sur l'autre.

L'ensemble de l'univers est passé en revue une à deux fois par mois, chaque titre sélectionné étant classé en fonction de l'écart entre son niveau de sous-évaluation et de surévaluation. Le potentiel d'appréciation est utilisé pour décider du choix final des titres, dans le respect des règles usuelles de diversification.

À l'achat, il est important d'attendre l'amorce de la tendance haussière, car certains titres peuvent rester sous-évalués durant de longues périodes.

À la vente, trois situations peuvent se présenter :

1. Le titre passe sous sa valeur de sous-évaluation : lors de l'achat d'un titre, un prix de vente est fixé à un niveau légèrement inférieur à celui de la valeur de sous-évaluation. Ces stop losses sont appliqués de façon systématique.

2. Le titre a fortement progressé, puis évolue peu entre ses zones de sous-évaluation et de surévaluation. Il est alors possible de prendre son profit

pour investir dans un titre présentant un meilleur potentiel.

3. Le titre s'approche de sa zone de surévaluation. Il est alors sage d'accompagner la tendance tout en commençant à sortir progressivement du titre, qui est maintenu dans l'univers d'investissement et continuera à être suivi.

Le portefeuille final est construit en respectant les étapes et les règles suivantes :

- Avant l'achat, chacun des titres sélectionnés fait l'objet d'une analyse de ses fondamentaux.

- À l'achat, la pondération de chaque titre représente 4% du portefeuille. Cela donne un total de 25 lignes, soit une bonne diversification et un suivi pas trop lourd.

- Le premier objectif du portefeuille de revenu étant d'être robuste et de pouvoir résister à toutes sortes de crises, il est composé d'entreprises dont la capitalisation est supérieure à 5 milliards d'euros.

- Un seul secteur ne peut représenter plus de 20% du portefeuille. L'exposition sectorielle résulte uniquement de la sélection des titres, et pas d'une analyse du potentiel de chaque secteur.

- Pour des raisons fiscales (PEA), de familiarité et de risque de change, l'Europe peut représenter jusqu'à 60% du portefeuille. Le reste est réparti entre les États-Unis et l'Asie développée, dont la Chine fait évidemment partie. L'allocation géographique résulte à la fois du choix des titres et de la sur- ou sous-évaluation de chaque zone.

- La part de cash peut représenter jusqu'à 25% du portefeuille, notamment en l'absence d'opportunités lorsque le marché est très cher.

- Le risque de change n'est pas couvert.

L'objectif de cet exemple est d'illustrer comment utiliser les actions pour construire son portefeuille de revenus et le gérer avec méthode et discipline.

Un tel portefeuille est composé de compagnies solides, capables de traverser les crises inévitables de l'environnement économique. Il repose sur les tendances des dividendes, qui sont à la fois plus fiables et moins erratiques que celles des bénéfices.

Gérer soi-même son portefeuille est à la portée de tous, mais nécessite un intérêt personnel et un investissement en temps. Pour des raisons bien compréhensibles, la plupart des épargnants préféreront acheter des ETFs ou des fonds gérés activement. Au regard du travail effectué, leurs frais de gestion sont justifiés.

Enfin, si vous prévoyez de compléter votre retraite par des dividendes, il est utile de commencer tôt à bâtir votre portefeuille de revenu. En effet, si le rendement des dividendes peut vous sembler limité à l'achat, il devrait normalement progresser avec le temps.

À titre d'illustration, les dividendes de l'année 1998 versés en 1999 par Essilor, L'Oréal et Bouygues s'élevaient respectivement à 0.48€, 0.423€ et 0.389€. Vingt ans plus tard, les dividendes de l'année 2018 versés en 2019 par ces mêmes entreprises représentent 2.04€, 3.85€ et 1.70€. À l'achat, leur rendement de dividende se situait seulement entre 0.8% et 1.5%, soit bien moins que les Sicav monétaires de l'époque. Vingt ans plus tard, le rendement calculé sur le capital investi en 1998 représenterait respectivement 6.08%, 7.10% et 6.25% par an. Cela représente en moyenne 6.5 fois plus. Et ce après avoir traversé plusieurs crises financières majeures.

Bien sûr, un horizon de vingt ans peut sembler long pour préparer sa retraite. Dans la pratique, la véritable inconnue sur les revenus ne concerne pas les dix premières années de sa retraite, mais plutôt les décennies suivantes. Commencer à constituer son portefeuille dix ans avant son départ à la retraite fait donc sens et dans ce contexte, toute faiblesse des marchés constituera une opportunité pour construire son portefeuille de revenu. Ceux qui démarreront plus tard pourront combiner des actions avec des sociétés foncières pour atteindre le rendement recherché.

LES 3 POINTS À RETENIR

— 1 —

Alors que le premier pilier fait croître son capital en capitalisant les intérêts sur le long terme, le deuxième pilier a pour objectif de générer des revenus réguliers qui pourront venir compléter un salaire ou une pension de retraite, tout en protégeant le capital contre l'inflation.

— 2 —

Les sociétés de qualité ayant un long historique de versement de dividendes ont naturellement leur place dans un portefeuille de revenu.

— 3 —

Il est important de ne pas attendre d'avoir besoin de revenus pour construire ce type de portefeuille. Le plus tôt sera le mieux pour bénéficier d'un rendement sur capital plus attractif le jour où l'on aura besoin de compléter ses revenus.

8. LE PORTEFEUILLE DE REVENU — LES SOCIÉTÉS FONCIÈRES

Avoir un portefeuille d'actions diversifié qui génère suffisamment de dividendes pour supporter son train de vie ou compléter ses autres sources de revenus (salaire, honoraires, loyers, droits d'auteur, ...) est un objectif qui ne peut être atteint qu'à partir d'un capital de départ important ou en démarrant suffisamment tôt. Sinon, le risque est de sacrifier la croissance de son portefeuille pour atteindre un rendement cible. Comme indiqué dans le chapitre précédent, certains secteurs versent des dividendes très élevés, mais leurs perspectives de développement sont limitées. C'est le cas de l'industrie du tabac qui offre des rendements sur dividendes compris entre 7% et 10%, mais pour combien de temps ?

Il est possible de diversifier, voire d'améliorer le rendement à court terme d'un portefeuille de revenu tel que celui présenté au chapitre précédent en investissant dans la pierre papier, via des sociétés d'investissement immobilier cotées (SIIC), aussi appelées foncières ou REITs dans les pays anglophones, pour *Real Estate Investment Trusts.*

La majorité des épargnants connaissent les SCPI — nous en parlerons plus tard — mais peu savent que des alternatives existent, et qu'il est facile d'investir sans frais d'entrée dans des foncières de tout type, en disposant d'une liquidité quotidienne.

Les foncières exploitent des propriétés immobilières de toutes sortes, telles que des logements, bureaux, commerces, maisons médicales, prisons, centres de stockage et de distribution pour le e-commerce, infrastructures, etc. Elles sont propriétaires de ces biens dont elles assurent la gestion et leurs revenus sont principalement constitués des loyers encaissés.

Grâce à leur statut particulier, les sociétés foncières ne paient pas d'impôt sur les bénéfices, mais doivent redistribuer en général entre 80% et 100% des bénéfices issus des revenus fonciers (95% en France) et une large part des bénéfices issus des plus-values de cession (60% minimum en France).

Pour l'épargnant, les foncières permettent d'investir dans l'immobilier sans en avoir les contraintes. Elles présentent trois avantages : elles sont

accessibles sans montant minimum d'investissement, elles sont liquides — vous pouvez acheter et vendre vos actions de REITs tous les jours — et elles offrent une diversification de votre parc immobilier impossible à atteindre en direct.

1. Principaux critères d'analyse d'une foncière

La localisation
Certains REITs sont investis dans une région spécifique (France, Royaume-Uni, US, Canada, Singapour, Australie, etc.) alors que d'autres couvrent des régions plus vastes (Europe, Asie, etc.). S'agissant d'immobilier, la diversification est importante, car il est possible d'avoir en même temps un marché cher à Hong Kong et abordable à Tokyo. Dans le cadre d'un investissement à long terme, il est également important de s'interroger sur l'évolution de la croissance, c'est-à-dire de la richesse, dans le monde. L'Europe étant, pour des raisons démographiques, financières et structurelles, à la traîne des États-Unis et aussi de nombreux pays asiatiques, il est sans doute raisonnable de ne pas investir seulement en immobilier français ou européen.

Investir dans des REITs en dehors de la zone euro fait en revanche courir un risque de change, qui peut être favorable ou non à un investisseur résident dans la zone euro. Il est possible de couvrir ce risque, mais, pour rester simple, notre recommandation est de détenir environ un tiers de REITs investis en dehors de la zone euro.

La spécialisation
Certains REITs sont spécialisés et ne couvrent qu'un secteur spécifique, comme l'immobilier résidentiel, l'hôtellerie, les centres commerciaux, les entrepôts industriels, les bureaux, etc. Les REITS spécialisés tendent à être mieux gérés grâce à une meilleure expertise et un focus qui leur donnent un avantage en matière de connaissance de leur marché et d'accès aux meilleures opportunités d'investissement.

Le portefeuille de biens immobiliers
Ici, il ne s'agit pas d'une analyse détaillée — pas facile d'analyser un portefeuille de bureaux australiens ! En revanche, il est possible de regarder si tous les biens sont concentrés dans une même ville, au centre ou en périphérie. On peut aussi s'intéresser à l'évolution du taux d'occupation des biens, au nombre

de locataires et aux dates d'expiration des baux. Idéalement, on recherche les taux d'occupation les plus proches de 100%. Si 70% des baux viennent à expirer dans les douze prochains mois, mieux vaut s'assurer que le marché locatif est solide avant d'investir, faute de quoi la stabilité des revenus n'est pas garantie. Tout espace inoccupé correspond à des revenus perdus que les épargnants ne récupéreront jamais. Ce n'est pas comme les stocks d'une entreprise, qui peuvent toujours être vendus dans le futur.

Le taux de distribution
Les REITs devant redistribuer l'essentiel de leurs bénéfices issus des revenus fonciers, on va s'intéresser à ceux qui affichent une croissance de bénéfices régulière ainsi qu'un bon historique de distribution.

Le prix de l'action du REIT
Comme pour les actions traditionnelles, un rendement de dividende élevé ne suffit pas. Encore faut-il que le prix de l'action soit en hausse régulière. Acheter un REIT offrant 10% de dividendes ne fait aucun sens si le prix de l'action baisse de 30%.

L'endettement du REIT
Regarder la note de crédit permet de s'en faire une première idée. Un épargnant prudent n'investira pas dans des REITs ayant une note de crédit inférieure à BBB+ pour S&P, Baa1 pour Moody's et BBB+ pour Fitch. Ensuite, pour plus de détails, on comparera la dette totale avec la rentabilité brute, soit l'Ebitda (bénéfices avant intérêts, impôts, dépréciation et amortissement). Trop de dette accroît le risque d'insolvabilité en cas de crise. Le niveau acceptable de dette sur Ebitda n'est pas gravé dans le marbre, mais un épargnant qui souhaite s'épargner des soucis cherchera un ratio inférieur à 6. Concernant l'endettement, on comparera aussi la dette totale avec les capitaux propres, afin de comprendre si le REIT a davantage recours à la dette ou aux capitaux propres pour se financer. Cette information est également utile pour estimer le risque.

Les ratios spécifiques aux REITs
Alors que les foncières peuvent amortir leurs investissements immobiliers, la dépréciation ne correspond pas à une charge financière à proprement parler. Pour avoir une vision plus claire du cash généré par l'exploitation du parc immobilier, les analystes ajoutent les amortissements aux revenus pour calculer ce qu'on appelle le FFO (*funds from operations*). L'idée est

que l'amortissement réduit de façon un peu artificielle le rendement net des épargnants, car, en dix ans, un immeuble ne perd certainement pas la moitié de sa valeur. Le FFO permet de rétablir une certaine réalité. Le ratio prix / FFO est utilisé pour comparer la valorisation de différents REITs ayant le même positionnement sectoriel et géographique.

Il est également utilisé pour calculer le taux de couverture des intérêts (FFO/intérêts). Un ratio de 5:1 est un bon critère de sélection. Il signifie que le cash généré par un REIT représente cinq fois le montant des intérêts. Cela donne une idée de la marge de manœuvre qu'il a avant d'être exposé à des difficultés financières. Dans un tel cas, même si le FFO baissait de 80%, le REIT pourrait continuer à faire face à ses obligations financières. En comparaison, un REIT avec un taux de couverture de 2:1 aurait de sérieux problèmes en cas de baisse de son FFO supérieure à 50%.

De façon à avoir une meilleure estimation des cash flows, il convient d'intégrer également les dépenses en capital qui ont permis d'acheter des immeubles. Ajoutées au FFO, elles donnent l'AFFO (*adjusted funds from operations*) qui est une mesure plus précise de la capacité bénéficiaire d'un REIT.

Pour les REITs, le ratio dividendes sur bénéfices utilisé pour les actions traditionnelles se calcule à partir de l'AFFO. Les dividendes doivent représenter moins de 90% de l'AFFO.

Pour ces raisons comptables, un ratio traditionnel tel que le P/B (*price to book*, ou cours sur valeur comptable) est sans intérêt. On préférera calculer l'actif net en divisant le résultat d'exploitation par le taux en vigueur, puis en retranchant les dettes pour avoir l'actif net. Bien sûr, le mieux serait d'avoir une estimation de la valeur de marché réelle de chaque bien immobilier détenu par le REIT. Avant d'acheter un REIT, on regardera l'historique de son ratio prix sur actif net, on s'assurera qu'il est stable et inférieur à 1. Le ratio du prix sur l'actif net est un indicateur utile pour comparer deux REITs équivalents (mêmes régions et secteurs).

La stabilité du management et les dernières informations sur le REIT
Il est toujours important de bien se renseigner avant d'investir.
Au niveau individuel, on cherche à sélectionner les REITs ayant une stratégie claire pour améliorer leur taux d'occupation et augmenter leurs loyers, offrant ainsi de bonnes perspectives de croissance des revenus locatifs et du FFO.

Ces critères de sélection seront utilisés parallèlement à des informations plus familières, comme la croissance des revenus, celle du dividende, le rendement de dividende, le taux d'occupation, l'évolution des loyers, les perspectives de croissance.

Tous ces éléments peuvent sembler compliqués, voire déroutants. Devenir un expert des sociétés foncières demande bien sûr plus de temps et d'efforts pour apprendre à séparer le bon grain de l'ivraie, et ces quelques pages sont insuffisantes pour y parvenir.

> *L'objectif de ce chapitre est de souligner que l'offre de REITs dans le monde n'a jamais été aussi large, et que les sociétés foncières représentent une alternative intéressante à l'investissement locatif physique, à la fois plus liquide, plus diversifiée et moins chronophage au quotidien, avec des risques de valorisation à court terme néanmoins différents.*

2. Comment investir dans des REITS

Concrètement, comment acheter des REITS ? C'est très simple, il suffit de passer un ordre d'achat auprès de sa banque ou de son broker en ligne, exactement comme pour une action. Peut-on le faire via des fonds ou des ETFs ? Techniquement oui, mais, en pratique, il est préférable d'investir en direct pour plusieurs raisons.

D'abord, dans l'écrasante majorité des cas, l'objectif d'un gérant de fonds n'est pas de délivrer une performance absolue, mais de battre un indice de référence appelé *benchmark*. S'agissant des REITs, il va chercher à battre un *benchmark* de REITs, par exemple l'indice FTSE EPRA NAREIT Euro Zone (FTSE publie aussi des indices EPRA NAREIT Global, Europe, US, Japon, Asie développée, Brésil, Chine, Inde, etc.).

L'objectif de cet indice est de refléter l'évolution du secteur de l'immobilier. Il applique à la totalité des REITs existants des critères de sélection tels que la place de cotation, la taille, la liquidité, ainsi que le flottant des actions.

Dans le cas de l'indice FTSE EPRA NAREIT Euro Zone, tous les REITs cotés dans la zone euro, respectant les seuils minima de capitalisation boursière et de volume d'actions traitées quotidiennement, et ayant un minimum de titres échangeables se retrouvent dans l'indice, soit un total de 43 titres à février 2021.

Ces titres sélectionnés sont ensuite pondérés en fonction de leur taille. Ainsi, le REIT allemand Vonovia, spécialisé dans l'immobilier résidentiel, dont la capitalisation boursière s'élève à plus de 30 milliards d'euros, représente 25.05% de l'indice alors que le REIT belge Ascencio ne pèse que 0.18% de l'indice, sa capitalisation boursière dépassant à peine les 300 millions d'euros.

Jusqu'ici, il n'y a rien à redire sur cet indice, qui reflète le secteur de l'immobilier de la zone euro. En revanche, pour un investisseur particulier souhaitant investir dans de la pierre papier pour valoriser son patrimoine et recevoir un bon rendement de dividendes, cette approche indicielle ne répond pas aux attentes. Alors que le e-commerce prend des parts de marché croissantes aux commerces traditionnels, un REIT comme Ascencio qui est spécialisé dans les actifs immobiliers de supermarchés et parcs d'activités commerciales n'a pas forcément sa place dans un portefeuille conservateur.

La comparaison des deux REITs confirme d'ailleurs notre jugement :

	Cours 31/12/2015	Dividende 2015	Cours 31/12/2020	Dividende 2020
Ascencio	59.75€	2,23€	47.95€	3,65€
Vonovia	28.55€	0.60€	58.72€	1.57€

Un épargnant qui aurait investi 100€ dans Ascencio et Vonovia fin 2015 se retrouverait avec respectivement 80.25€ et 205.67€ fin 2020. Quant aux dividendes reçus au titre de l'exercice 2020, ils représenteraient respectivement 6.11% et 5.50% de la mise initiale, celui de Vonovia devant dépasser celui d'Ascencio au cours des prochaines années.

Leurs positionnements géographique et sectoriel étant différents, la comparaison entre la plus grande et la plus petite capitalisation de l'indice FTSE EPRA NAREIT Euro Zone est évidemment biaisée, mais notre point n'est pas là. Nous voulons simplement souligner qu'un investisseur individuel qui a pour objectif de gérer son épargne, par exemple pour compléter sa retraite, est libre de ne pas investir dans les régions ou les secteurs qu'il n'aime pas, alors que le gérant d'un fonds ou d'un ETF immobilier n'a pas toujours le choix. On ne lui demande pas de faire fructifier les actifs de son portefeuille, mais de battre son *benchmark*.

Il a un objectif de performance relative. Si, sur une année, la performance d'un gérant actif s'élève à -3% alors que l'indice **FTSE EPRA NAREIT** Euro Zone a perdu 7%, alors il a fait du bon travail. Quant au gérant d'ETF, il cherche à répliquer au plus près la performance de l'indice quoi qu'il arrive. Si, dans le futur, les règles du marché locatif en Allemagne étaient amenées à être modifiées et si elles devenaient très défavorables aux propriétaires, les fonds et les ETFs immobiliers continueraient quand même à détenir Vonovia, car ils ne pourraient pas prendre le risque de s'écarter d'un titre qui représente 25% de leur indice de référence.

Un investisseur individuel qui vise un rendement moyen par an n'a cure de ces considérations. Il n'a de compte à rendre qu'à lui-même et ne se compare pas à la moyenne du marché. Il peut aussi prendre son temps pour construire son portefeuille.

Pour toutes ces raisons, il est préférable d'investir directement dans des REITS pour bâtir son portefeuille de revenu. Nous verrons dans la troisième partie comment faire concrètement.

LES 3 POINTS À RETENIR

— 1 —
Les sociétés foncières aussi appelées REITs développent et gèrent des portefeuilles d'actifs dont l'essentiel des revenus (constitués de loyers) sont distribués à leurs actionnaires.

— 2 —
À ce titre, les REITs ont leur place dans un portefeuille de revenu, aux côtés d'actions de sociétés traditionnelles versant des dividendes.

— 3 —
Les REITs représentent également une alternative aux investissements directs en immobilier locatif. Si la construction d'un portefeuille diversifié de sociétés foncières demande de la méthode et un peu de temps, cela reste à la portée de la plupart des épargnants.

9. LE PORTEFEUILLE DE PRÉFÉRENCES

Si vous vous intéressez à l'évolution du monde, au développement des différents continents, à l'économie, aux innovations technologiques, vous avez certainement des vues sur notre avenir — peut-être aussi des interrogations et des craintes. Vers quel monde nous dirigeons-nous ? Quel travail feront nos enfants et nos petits-enfants dans la deuxième moitié du 21è siècle ? Comment les pays développés sortiront-ils du gouffre de la dette ? Comment l'humanité relèvera-t-elle le défi de la transition vers le zéro carbone ? Comment la disparité des revenus et des richesses dans les pays développés affectera-t-elle leur stabilité sociale ? Chacun de nous a quelques idées sur ces questions. Certains sont effrayés par ce futur proche que la crise du COVID-19 n'a fait qu'accélérer, alors que d'autres y voient de fantastiques opportunités, notamment dans la technologie et le domaine médical.

Ces vues sont autant de convictions que vous pouvez souhaiter intégrer dans votre portefeuille. Plus simplement, vous pouvez aussi avoir des convictions de marché et des vues sur l'évolution des taux, des actions, des devises ou des matières premières. Tout cela peut être reflété dans le portefeuille de préférences.

Dans l'approche *Slow Money*, le premier pilier d'un patrimoine financier est le portefeuille diversifié. Il est construit pour protéger et faire grossir une épargne à long terme, quelles que soient les conditions de marché.

Le deuxième pilier, facultatif, est le portefeuille de revenu, dont l'objectif est d'assurer des revenus réguliers. Quant au troisième pilier, également facultatif, le portefeuille de préférences, il permet de s'impliquer dans la gestion en intégrant ses propres convictions.

Avant d'entrer plus en détail, il est nécessaire de revenir sur la notion de risque. Imaginons un portefeuille investi à hauteur de 50% dans le premier pilier (allocation équilibrée), 20% dans le deuxième pilier et 30% dans le troisième. Le risque de perte maximale des deux premiers piliers peut être estimé respectivement à -13.5% et -50%, soit -24% de risque de perte sur les 70% du portefeuille comprenant les piliers 1 et 2. Comme déjà évoqué, notre bonne compréhension du pilier 1 et notre confiance dans les valeurs du pilier 2 nous permettent de supporter ces pertes temporaires. Il n'empêche que lorsque les pertes sur Nestlé ou Air Liquide dépassent les 30% comme en 2008, ou lorsque l'action L'Oréal perd plus de 50%, chacun se félicite de ne pas avoir accumulé trop de risques supplémentaires sur le pilier 3. À moins d'avoir anticipé la chute et accumulé des emprunts d'État à temps.

Il est donc important de garder une vision globale de son portefeuille. En l'absence d'un deuxième pilier, si le risque se répartit entre 95% dans le pilier diversifié et 5% dans le pilier de préférences, les risques additionnels spécifiques au pilier 3 ne posent pas de problème. Ce n'est en revanche pas le cas lorsque le pilier 3 représente plus de 10% du portefeuille global.

La gestion de son portefeuille de préférences est aussi structurée et disciplinée que celle des deux autres piliers. Elle cherche à protéger le portefeuille global, accélérer sa croissance ou accroître son rendement.

Dans un monde où les médias et autres réseaux sociaux font office de caisses de résonance des mauvaises nouvelles, chaque jour apporte aux anxieux des raisons supplémentaires de s'inquiéter pour leur patrimoine. De façon plus rationnelle, il est permis de temps en temps de s'interroger sur le niveau de valorisation des marchés d'actions, sur les causes des taux à long terme négatifs, sur leur pérennité, sur l'équilibre entre les forces déflationnistes (démographie, technologie, financiarisation) et inflationnistes (création monétaire, dépenses publiques, investissements, relocalisation de certaines industries), etc. Peut-on protéger son portefeuille contre l'inattendu ? Si oui, à quel coût et comment faire ?

La principale difficulté des stratégies de protection est que la nature et le timing du danger sont souvent mal connus. Si la crainte porte seulement sur la hausse des taux longs ou la baisse des actions du secteur technologique, il est facile de s'en protéger. Cela devient beaucoup plus difficile lorsqu'on ne sait pas d'où le danger va venir. Les stratégies pour passer à travers une période inflationniste sont différentes de celles mises en œuvre pour faire face à un environnement déflationniste. Devant l'éventail des futurs possibles, on peut bien sûr chercher à se protéger de tout, mais cela devient alors très onéreux.

La première des protections est une bonne diversification des risques. En étant investi sur les cinq continents, dans des actifs peu corrélés entre eux sur longue période (emprunts d'État, actions, matières premières), et en veillant à rester davantage pondéré dans les actifs les moins risqués (emprunts d'État) que dans les plus volatils (actions et matières premières), le premier pilier est bien équipé pour passer à travers les tempêtes. Cela pourra secouer un peu durant les crises, mais le bateau tiendra.

Sur une période courte, de quelques semaines à quelques mois, il est possible de mettre en œuvre des stratégies de protection face à un danger identifié. Vous pouvez simplement accroître votre part de cash : vous vendez des actifs risqués que vous rachèterez plus tard à un prix plus bas, au risque de rater le rebond et de les racheter plus haut (comme une police d'assurance, toute stratégie de protection a un coût). Vous pouvez acheter des monnaies dites refuges, comme le franc suisse ou le yen. La force du yen vient du fait que l'énorme épargne accumulée par les ménages japonais est largement investie en titres étrangers. Durant les crises, ces particuliers rapatrient leur épargne et la convertissent en yen, ce qui accroît la demande et fait monter le cours de la devise japonaise. Les emprunts d'État américains, japonais et l'or ont aussi un rôle de valeur refuge durant les crises soudaines.

Il existe d'autres instruments de protection sur les marchés, comme les futures ou les options qui peuvent s'apprécier durant les phases de baisses. Dans la mesure où ces produits sont complexes et peuvent se révéler coûteux, voire dangereux pour des investisseurs non sophistiqués, il est inutile de s'y attarder.

De même, certains *hedge funds* aux profils dits asymétriques ou convexes, sont capables de s'apprécier fortement durant les périodes de dislocation de marché, et de compenser une partie des pertes d'un portefeuille diversifié traditionnel. Là encore, comme pour une assurance, cette protection a un coût, ces mêmes stratégies ayant des rendements faibles en temps normal. De tels produits sont intéressants, mais souvent difficiles d'accès — étant focalisés sur des niches, leurs capacités d'investissement sont limitées. Comme leur niveau de sophistication les rend peu compréhensibles aux non-professionnels, ces produits ne font pas partie de l'univers d'investissement couvert ici.

Outre la protection du patrimoine global, le troisième pilier est utilisé pour dynamiser sa croissance durant les périodes favorables. L'exposition aux actions du premier pilier étant limitée par les règles strictes de diversification, elle pourra être augmentée via le portefeuille de préférences, en fonction de ses propres convictions.

Soyons clairs, une conviction, ce n'est pas acheter une action qu'on ne connaissait pas il y a encore trois heures et dont on vient d'entendre parler, ni un titre qui devrait rebondir sous prétexte qu'il a beaucoup baissé. Ceci tient plus du pari que de l'investissement et ce n'est pas une méthode durable pour faire croître son portefeuille.

Nous sommes ici dans le monde du *Fast Money*, où faire de l'argent peut sembler facile et où le temps est le principal ennemi. Soit vous avez raison et vous gagnez vite, soit vous attendez et risquez de perdre beaucoup. Au mieux, vous allez gagner dans 50% des cas, mais votre vrai risque est que le total des gains ne couvre pas le total des pertes !

Ceci me rappelle un déjeuner à Paris en avril 2002 avec un ami qui essayait de me convaincre que l'action Vivendi était bradée à 35€. Sans doute l'avait-il achetée à un prix beaucoup plus élevé et cherchait-il à se rassurer. Pour mémoire, l'action valait 145€ en mars 2000 et, sur ces bases, elle pouvait effectivement sembler peu chère à 35€, après avoir perdu 75%. Sauf qu'elle a continué à baisser, passant sous les 9€ en août 2002, enregistrant une nouvelle baisse de 75% en quatre mois.

Rythmé par des tweets incessants et des youtubeurs stars, le monde actuel où l'avidité s'oppose à la patience n'est pas le nôtre. Engager son épargne personnelle n'est pas un jeu.

Une conviction, c'est acheter un secteur insuffisamment ou pas du tout représenté dans le premier pilier, avec des perspectives de croissance claires.

On peut par exemple souhaiter investir en actions de marchés émergents en anticipation d'une baisse durable du dollar américain. Dans une autre configuration, les petites et moyennes capitalisations peuvent être incluses dans le portefeuille pour capturer plus de croissance et in fine davantage de performance – il n'a échappé à personne que notre portefeuille diversifié n'est investi que dans des grandes capitalisations.

On peut aussi souhaiter investir dans des thèmes spécifiques comme la santé, le vieillissement de la population, la technologie, la digitalisation de la société ou les grandes marques. Dans un monde où le gagnant remporte souvent la mise, la force d'une marque est un gage de croissance.

Car c'est bien de cela qu'il s'agit lorsqu'on investit dans le monde du *Slow Money*. Chez nous, le temps est l'ami qui permet au portefeuille de se développer à son rythme, en fonction du risque pris. C'est aussi l'ami qui pardonne les erreurs de gestion du portefeuille de préférence, pour peu qu'on soit resté à l'écart des secteurs cycliques et qu'on ait bien choisi des thèmes porteurs de croissance.

Prenons par exemple la transition climatique. Pour éviter que le réchauffement ne dépasse la barre des 1.5°C et n'entraîne des conséquences dévastatrices pour la planète, le total d'émissions additionnelles de gaz à effet de serre doit rester en deçà du stock maximum que l'atmosphère peut probablement tolérer. On estime que ce seuil sera atteint lorsque 700 milliards de tonnes d'équivalent en dioxyde de carbone (éq. CO_2) supplémentaires auront été émises. Or, chaque année dans le monde, les nouvelles émissions représentent approximativement 55 milliards de tonnes d'équivalent CO_2. Nous avons donc un problème de stock et de flux, et il ne nous reste qu'une douzaine d'années pour le régler. On voit clairement les forces à l'œuvre : d'abord les décideurs politiques et les régulateurs, puis le public qui fait pression sur les industriels qui décident d'anticiper ou se voient contraints de changer leurs pratiques sous peine de disparaître.

Pour atteindre la neutralité carbone d'ici 2050, les émissions de gaz à effet de serre doivent être réduites de moitié dans les dix prochaines années sachant qu'à l'exception de la crise du covid-19, nous n'avons jamais été en mesure de réduire notre empreinte carbone, tant les émissions sont liées à la croissance économique. Compte tenu de son champ d'application et de la rapidité à laquelle elle doit s'accomplir, cette transition vers la neutralité carbone annonce une révolution industrielle et technologique à venir, sans doute l'une des plus importantes de tous les temps.

Notre point de vue ici n'est pas celui d'un militant écologiste, mais bien celui d'un particulier cherchant à protéger et faire fructifier son patrimoine. Face à un tel défi, même si l'on comprend bien les menaces qui planent (et pas seulement pour notre portefeuille !), il est difficile d'imaginer tout ce qu'il va falloir accomplir pour décarboniser complètement notre modèle économique.

On peut bien sûr avoir quelques idées : notre utilisation de l'énergie va devoir être plus efficace et l'économie globale devra s'électrifier autant que possible, avec une électricité progressivement produite à partir de sources propres. Des émissions nettes négatives devront être créées via l'usage des terres pour absorber les émissions de CO_2 qui ne pourront être éliminées. Des solutions devront aussi être trouvées pour décarboner les secteurs les plus polluants de notre activité économique, car nous devrons continuer à construire, à nous déplacer, et bien sûr à nous nourrir. Les entreprises de ces secteurs qui parviendront à décarboner leurs pratiques actuelles bénéficieront d'un avantage concurrentiel significatif. Les autres disparaîtront.

Vous l'avez compris, cette transition va créer des opportunités d'investissement. D'abord, la transition va nécessiter des investissements massifs en infrastructures, estimés entre 7% et 10% du PIB mondial. Ensuite, d'immenses potentiels de croissance vont être créés pour les sociétés capables de fournir des solutions pour construire une économie neutre en CO_2 et s'adapter à un monde « plus chaud ». Enfin, dans les industries lourdes les plus génératrices de gaz à effet de serre, les compagnies qui investiront dans leur propre transition viendront ébranler la concurrence et gagneront des parts de marché significatives.

Le premier pilier étant par définition diversifié, il ne saisira qu'une faible partie des opportunités d'investissement qui se présenteront. Un particulier souhaitant intégrer des convictions pour accroître la valeur de son patrimoine le fera via son portefeuille de préférences.

Il devra auparavant bien valider que les convictions sont bien les siennes. Si ces quelques pages sur la transition vers une économie neutre en carbone vous ont convaincu d'investir, alors vous devez revoir votre approche. Sinon, dès les premières turbulences, vous commencerez à vous inquiéter, perdrez progressivement confiance puis finirez par vendre vos positions à un mauvais moment, peut-être même en réalisant une perte. Si le sujet de la transition a retenu votre attention et attiré votre curiosité, il est temps pour vous d'aller chercher des informations complémentaires pour vous faire votre propre opinion. Vous chercherez à comprendre les implications pour chaque industrie, regarderez les portefeuilles des fonds spécialisés et irez sur internet consulter les sites des principales sociétés détenues. Une fois que vous aurez une bonne idée des différents modèles de développement et des perspectives de croissance et de profits, vous saurez si le thème est réellement un gisement de croissance ou pas. Vous serez alors capable de tenir vos positions même au plus fort des tempêtes.

Tout cela demande du temps et quelques efforts, justifiés au regard de l'enjeu : engager votre épargne personnelle pour bâtir votre patrimoine futur. Investir n'est pas une activité accessoire, cela demande de la méthode pour avancer avec prudence, et de la réflexion pour travailler en confiance.

Pour intégrer vos convictions dans votre portefeuille de préférences, le mieux est d'avoir recours à des fonds ou des ETFs spécialisés. Aujourd'hui, l'offre est telle qu'il est possible d'investir dans quasiment toutes les niches sectorielles possibles. Quelques exemples seront présentés en troisième partie.

Comment gérer le timing des investissements dans un portefeuille de préférences ?

Une fois la conviction validée et la liste du ou des véhicules d'investissement établie, le mieux est d'acheter immédiatement une toute petite partie de ce que vous prévoyez d'investir. Cela va vous permettre de suivre vos positions et de mieux comprendre le thème d'investissement. S'il s'agit d'un secteur très volatil comme les biotechnologies, le génome, les semi-conducteurs, etc., vous pouvez attendre une baisse de 10% à 20% avant d'initier une première position qui représentera un tiers de votre plan d'investissement. Le deuxième tiers sera investi après avoir gagné 10% à 15% sur la première position. Cela créera un coussin et vous permettra de mieux absorber la volatilité future. Vous ferez la même chose pour le troisième tiers.

Si le prix baisse de 15% après le premier achat, on ne moyenne pas à la baisse. On attend patiemment que le cours remonte et la position sera renforcée lorsque le prix sera repassé au-dessus du prix du premier achat. Ces convictions étant des thèmes à forte croissance, leur cours va s'apprécier dans la durée, il suffit d'être patient. L'approche est totalement opposée au monde du trading où il est important d'engranger rapidement ses profits. Les traders s'intéressent d'ailleurs davantage aux valeurs cycliques dont les cours évoluent en forme de montagnes russes qu'aux valeurs de croissance. Sur dix ans, aucun trader n'a gagné plus d'argent sur Apple, Microsoft, Facebook ou Amazon qu'un investisseur ayant conservé tranquillement sa position pendant la période.

Le temps est votre ami dans l'univers *Slow Money*.

Concernant les titres en forte croissance, l'expérience montre qu'il est plus important de consacrer du temps à comprendre les sociétés ou les thèmes dans lesquels on investit qu'à estimer leur juste prix. Le marché est-il porteur ?

L'innovation est-elle au cœur de la croissance ? Les marges opérationnelles sont-elles élevées ? La valorisation est un exercice complexe basé sur des hypothèses plus ou moins fragiles, qui aboutit toujours à un résultat imprécis, sinon les prix varieraient beaucoup moins. Peu importe que vous ayez acheté Amazon au premier semestre 2010 à 110, 130 ou 150 dollars. L'écart de 36% entre 150 et 110 peut sembler important, mais le prix d'achat finit par se diluer dans le temps. Fin 2020, le cours de l'action s'élevait à 3250 dollars. Les épargnants qui ont investi dans la société comme des entrepreneurs, en comprenant sa stratégie et avec l'intention de partager son avenir en restant investi dans la durée, ont fait croître leur patrimoine, quel qu'ait été leur prix d'achat.

Au fur et à mesure que la valeur de son premier pilier grossit, on peut aussi vouloir prendre plus de risques et bâtir progressivement un portefeuille d'actions de croissance défensives dans le troisième pilier. Il s'agit ici d'investir dans des valeurs dites « de père de famille ». En France, ce sont les Air Liquide, L'Oréal, LVMH, etc. Ailleurs, les Nestlé, Roche, Linde, PepsiCo, 3M, Becton Dickinson, etc. La plupart figurent parmi les fameux *dividend aristocrats* présentés dans le chapitre 7. Ces grandes capitalisations ont des marques fortes, une structure financière solide avec peu de dettes et des marges opérationnelles élevées. Innovantes, leaders dans leur segment, elles sont capables de dicter leurs prix.

Ces titres sont par nature moins volatils que le reste de la cote. Lorsqu'ils baissent de 10% à 15%, il est souvent pertinent d'en acheter ou de renforcer ses positions. Ainsi la bonne approche pour constituer son portefeuille de *blue chips* consiste d'abord à en dresser la liste. Bien sûr, on aura fait le travail préalable pour bien comprendre leur *business model* et leurs forces. Ensuite, on attendra une baisse de 10% à 15% pour investir la moitié de sa position cible, que l'on renforcera après avoir constitué un matelas de plus-values d'environ 10%. Et graduellement, on pourra par la suite renforcer ce troisième pilier en transférant une partie des résultats du premier pilier. Ces *blue chips* pourront être conservées pendant toute votre vie et transmises à vos enfants. Le *Slow Money* en action...

LES 3 POINTS À RETENIR

— 1 —
Le portefeuille de préférences est le réceptacle de vos convictions. Il peut être utilisé pour accélérer la croissance du portefeuille, le protéger durant une courte période, ou simplement vous exposer à une région ou un secteur sur lesquels vous avez une expertise.

— 2 —
Contrairement aux idées reçues, exprimer ses convictions ne signifie pas prendre des paris à court terme pour capturer un rebond ou exploiter une tendance baissière.

— 3 —
Comme pour chaque pilier, pour construire le portefeuille de préférences, on commence par évaluer le risque du portefeuille global avant de mettre en œuvre avec discipline sa méthode d'investissement.

10. FAQ 2

Pour clore cette deuxième partie, faisons une nouvelle pause afin de répondre à quelques questions usuelles.

1. Mon patrimoine actuel est structuré entre de l'immobilier en direct qui rapporte des revenus et des placements financiers qui cherchent à faire grossir mon capital. Qu'en pensez-vous ?
L'immobilier est certainement la stratégie de revenu la plus répandue en France. Détenir des biens en direct a des avantages et des inconvénients, parmi lesquels le risque d'impayé et celui de blocage des loyers. Avoir plusieurs appartements dans une même ville, pire dans un même immeuble, expose à des risques supplémentaires de concentration — un gros employeur de la ville peut partir, l'immeuble peut rencontrer des problèmes techniques exigeant des travaux importants, etc.

Combiner de l'immobilier physique avec un portefeuille de REITs et d'actions de qualité à dividende est une approche plus robuste pour traverser les crises et protéger le pouvoir d'achat de ses revenus sur le long terme. A court terme, la volatilité est néanmoins supérieure.

2. En investissant dans de l'immobilier locatif dans certaines petites villes de province, on peut facilement obtenir des rendements plus élevés que ceux du deuxième pilier. Quels sont les dangers d'une telle stratégie ?
Il est en effet possible d'obtenir des rendements élevés dans des villes moyennes ou le prix de l'immobilier est faible. Toutefois, si les habitants de ces villes ne se précipitent pas sur ces placements juteux, c'est qu'il y a certainement un risque justifiant le rendement élevé. La raison est simple. Dans ces villes où l'immobilier n'est pas cher, les mensualités n'étant pas plus élevées qu'un loyer, les locataires solvables sont tous propriétaires. Ainsi, à l'exception des personnes qui s'installent pour des périodes courtes, les locataires de ces villes sont des familles en situation précaire qui ne peuvent accéder à la propriété faute de revenu. Les rendements élevés correspondent donc à des risques réels.

3. Pourquoi investir dans des actions à dividende ? N'est-il pas plus simple de n'utiliser que des foncières dans son portefeuille de revenus ?
Le rendement de certaines foncières peut en effet sembler attractif pour

répondre aux besoins d'épargnants à la recherche de revenus. Par ailleurs, suivre quelques foncières est relativement simple et exige peu de temps.

À condition de bien diversifier la nature des REITs ainsi que leur localisation, une telle stratégie est possible. Elle peut permettre d'obtenir des rendements plus élevés durant les premières années avec néanmoins le risque de voir le montant des dividendes être à la traîne de l'inflation par la suite. Si le portefeuille est construit suffisamment tôt, l'ajout d'actions d'entreprises qui ont un certain pouvoir de fixation des prix (*pricing power*) permettra de mieux protéger les revenus face à l'inflation. D'où l'importance de s'engager tôt dans la constitution d'un portefeuille de revenu, en commençant par la partie actions de qualité afin de laisser le temps aux dividendes de croître.

4. Mon portefeuille d'actions à dividendes doit-il rechercher la croissance ou les revenus ?
La question qui se pose ici est de savoir si les entreprises qui versent des dividendes élevés le font au prix d'une croissance à venir plus faible et si l'épargnant doit sacrifier une partie de ses dividendes pour un plus grand potentiel de plus-values.

Tout dépend de l'âge et des objectifs de chacun. Un jeune épargnant ayant un horizon d'investissement long et un salaire suffisant pour couvrir ses charges pourra s'orienter vers des titres à plus forte croissance au prix de dividendes moindres. Sur une période de dix ans, si la croissance attendue est au rendez-vous, alors les titres en question produiront un rendement total (plus-value + dividendes) supérieur à celui des actions à moindre croissance.

Des études ont montré que les entreprises qui réinvestissent une grande partie de leurs bénéfices dans leur business croissent plus vite que celles qui versent la majorité de leurs profits à leurs actionnaires. Intuitivement, cela se comprend, surtout dans les secteurs à forte croissance comme la technologie. Il convient néanmoins de bien chercher à connaître l'utilisation de ces profits. Sont-ils investis dans la recherche, financent-ils des projets porteurs de croissance future ou servent-ils à augmenter les salaires du top management ?

Il n'y a pas de règle générale en matière de dividendes. La moyenne des sociétés qui en paient versent environ la moitié de leurs résultats. Une entreprise distribuant beaucoup moins devra expliquer pourquoi elle conserve une grande partie des bénéfices. Elle peut avoir de grands projets de croissance à financer. Une hausse des prochains dividendes est peut-être imminente ou son management peut simplement être peu généreux avec les actionnaires. À l'inverse, un ratio de distribution très élevé peut suggérer un potentiel de croissance limitée et une réduction possible sinon probable des dividendes à venir.

5. Pourquoi ne pas investir dans des SCPI ?
Pour rappel, les sociétés foncières cotées (SIIC pour Sociétés d'Investissement Immobilier Cotées) ou REITs sont des entreprises qui construisent, acquièrent et gèrent des patrimoines immobiliers au bénéfice de leurs actionnaires, auxquels elles reversent l'essentiel des loyers perçus et des plus-values réalisées sur la revente de leurs actifs. Les actions de ces sociétés étant cotées, elles peuvent être achetées ou vendues chaque jour ouvré.

En comparaison, les SCPI, Sociétés Civiles de Placement Immobilier, appartiennent à la famille des fonds. Comme les SICAV, ce sont des OPC (Organismes de Placement Collectif), qui collectent des fonds, le plus souvent auprès des particuliers, afin d'acquérir un patrimoine immobilier puis d'en assurer la gestion et la location. Les parts de la SCPI détenues par des particuliers sont équivalentes à des titres de propriété. Elles distribuent un revenu trimestriel ou annuel.

Parmi leurs différences, on notera l'absence de recours à l'endettement et l'impossibilité d'exercer l'activité de promoteur pour les SCPI. En revanche, un particulier peut s'endetter pour acquérir des parts de SCPI exactement de la même façon que s'il achetait de l'immobilier en direct auprès de sa banque.

SCPI et SIIC sont soumis à une fiscalité identique, sauf pour l'IFI (Impôt sur la Fortune Immobilière) auquel les foncières ne sont pas soumises.

Pour le reste, l'avantage est aux foncières : pas de frais d'entrée, meilleure diversification géographique, meilleure performance sur le long terme (du fait de l'endettement possible) et meilleure liquidité, surtout en période de crise. On entend souvent que les SCPI sont moins volatiles que les SIIC. C'est inexact, car les bases de calcul sont différentes. Les REITs étant des actifs liquides négociés quotidiennement, leur valorisation fluctue chaque jour, ce qui accroît la volatilité. En comparaison, comme la valorisation des SCPI est en général calculée chaque trimestre, elle semble stable entre deux trimestres, d'où cette fausse impression de volatilité moindre. La réalité, c'est que dans les deux cas, vous achetez des immeubles dont le prix de marché évolue exactement de la même façon. En cas de besoin inattendu, vous pourrez toujours céder vos parts de REITs. En cas de crise aussi, sans doute avec une forte décote qui reflétera la baisse du marché. Dans le cas d'une SCPI, vous n'êtes pas certain de pouvoir céder vos parts en temps de crise. Et si vous y parvenez, la valorisation reflétera la baisse du marché de la même façon.

Dans ce contexte, investir en sociétés foncières cotées a notre préférence.

6. Pourquoi rester à l'écart des valeurs cycliques ?
La clé du succès de l'approche *Slow Money*, c'est de résister à la tentation de vouloir être investi à tout moment dans ce qui performe le mieux. Et c'est la capacité à rester investi quoi qu'il arrive, grâce à une stratégie claire et bien comprise.

La caractéristique des valeurs cycliques est que, lorsque le cycle conjoncturel se retourne, elles subissent une forte chute de leurs ventes, leurs marges s'érodent et leur cours plonge. Elles cotent alors largement en dessous de leur valeur comptable et se retrouvent dans l'univers des actions dites « value ». À l'inverse, lorsque le cycle se retourne, elles rebondissent très fortement.

À titre d'illustration, le graphe ci-après compare ArcelorMittal et Air Liquide entre début 2015 et fin 2020. Sans surprise, Air Liquide domine largement sur la période, avec une plus-value de 90% contre 7% seulement pour ArcelorMittal.

Air Liquide appartient au monde *Slow Money*. Le temps est son ami. Certes, cela reste une action avec des hauts et des bas, mais, au fil du temps, sa position de leader dans les gaz industriels et commerciaux, ses différents domaines d'intervention, sa marge opérationnelle, ses investissements en innovation, et ses contrats à long terme signés avec ses clients lui assurent une excellente visibilité et une croissance régulière, évidemment pas au rythme de valeurs comme Amazon ou Alibaba, mais suffisamment pour valoriser le patrimoine de ses actionnaires sans leur causer d'inquiétude.

À l'inverse, ArcelorMittal n'attirera jamais l'attention des habitants du monde *Slow Money*. Quels que soient les mérites de son management, les qualités de ses produits, la technicité de son personnel, la compagnie n'est pas maître de son destin, car son *business model* est étroitement lié au cycle économique. Cela n'est pas propre à la compagnie, l'ensemble du secteur de la métallurgie est logé à la même enseigne. Lorsque la construction, l'automobile et l'équipement industriel représentent 85% de l'activité d'un secteur, il n'y a rien à faire pour maintenir la croissance lorsque le cycle se retourne.

Cela ne veut pas dire qu'on ne peut pas gagner d'argent en investissant dans ArcelorMittal. Au cours des cinq dernières années, un spécialiste de l'investissement en valeurs cycliques pouvait même, sous réserve d'un timing parfait, gagner beaucoup plus qu'en investissant dans Air Liquide. Il lui suffisait de capter le rebond de mai 2015 à janvier 2016 (+335%), puis celui de mars à décembre 2020 (+152%).

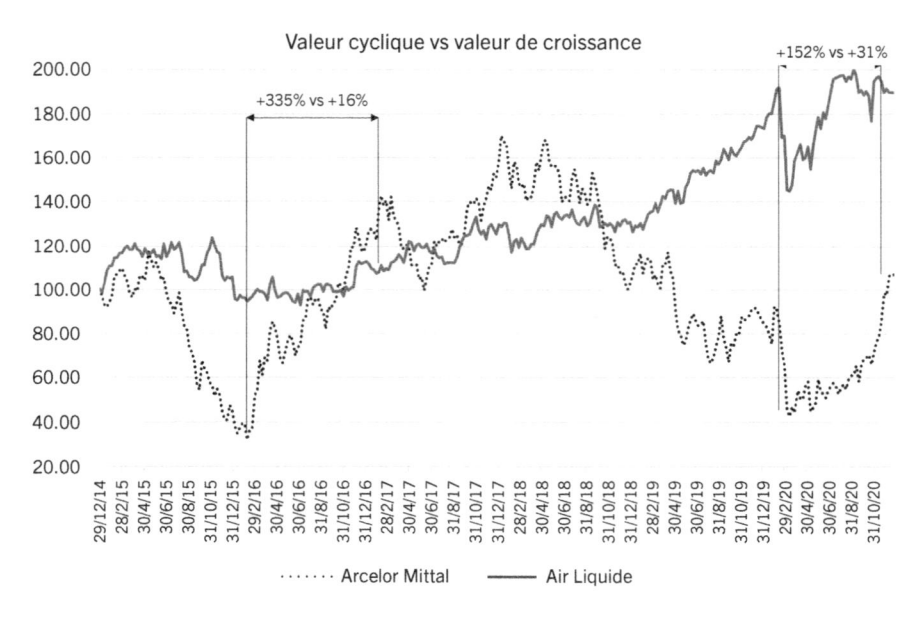

Valeur cyclique vs valeur de croissance

.... Arcelor Mittal ——— Air Liquide

En regardant la comparaison des cours des deux sociétés, on peut se dire qu'il était facile de capter une partie du rebond impressionnant d'ArcelorMittal. Seulement un tiers du rebond aurait permis de faire mieux qu'Air Liquide : 112% sur le premier rebond et 51% sur le second auraient abouti à une plus-value de 168% sur cinq ans, contre 90% pour le placement en actions Air Liquide.

Pourquoi se priver de telles opportunités ? Simplement parce que, dans la pratique, il est très difficile de gérer les rebonds avec le bon *timing*. Comme le graphe l'illustre, le cours d'ArcelorMittal est truffé de faux signaux. On pouvait facilement se faire piéger en entrant trop tôt sur une amorce de rebond pas confirmé. On pouvait aussi sortir trop tôt — il était d'ailleurs possible de faire encore mieux, en sortant en janvier 2018 plutôt qu'en février 2017. Le problème avec ce genre de valeur cyclique très volatile, c'est que chaque erreur se paie très cher.

Ces titres sont donc réservés à une élite de gérants value spécialisés et autres gérants de *hedge funds*. Souvent spécialisés par secteur, ils suivent l'ensemble des acteurs d'une industrie, ont développé leurs propres modèles de valorisation et sont capables de gérer leurs risques de façon extrêmement disciplinée. Sans émotion, ils n'hésiteront pas à couper une position initiée trop tôt sur un faux signal, car ils savent que le temps est leur ennemi.

Dans l'univers *Slow Money*, nous n'avons ni l'expertise ni les nerfs pour investir dans des valeurs cycliques. Nous ne cherchons pas à tout moment ce qui performe le mieux, nous ne nous battons pas contre des indices. Lorsque nous investissons en actions, notre seul objectif est de faire croître notre patrimoine tout en étant capables de conserver, voire même renforcer nos positions durant les tempêtes, simplement parce que nous investissons dans des entreprises que nous comprenons, qui sont financièrement solides, peu dépendantes du cycle économique, avec de bonnes perspectives de croissance et qui investissent dans la recherche pour assurer leur futur.

Les valeurs qui respectent ces critères peuvent paraître ennuyeuses à certains traders. Elles le sont à leur façon. Le graphe utilisé pour cet exemple montre qu'au cours des cinq dernières années, les deux plus fortes baisses d'Air Liquide se sont élevées à -23% et -25%, respectivement en janvier 2016 et mars 2020, alors que celles d'ArcelorMittal ont représenté -73% en février 2016 et -75% en mars 2020. Les porteurs d'Air Liquide tiennent à la qualité de leur sommeil.

7. Puis-je constituer un portefeuille de revenu si je ne suis pas prêt à assumer 25% de baisse sur cette partie de mon capital ?
Que le portefeuille soit constitué d'actions de qualité avec dividendes ou de sociétés foncières, le risque de baisse entre un point haut et un point bas supérieur à 25% existe. Pour mémoire, une société aussi solide que L'Oréal a perdu 50% entre décembre 2007 et février 2009, tout en continuant à verser et même à augmenter son dividende, le management confirmant à cette occasion que le *business model* de la société était intact, ainsi que le

potentiel de croissance.

De façon compréhensible, peu d'épargnants souhaitent risquer un patrimoine qu'ils ont souvent mis des dizaines d'années à construire. Face à ce problème, la solution consiste à se donner du temps, en attendant un recul des titres sélectionnés avant d'investir par tranches de 15% à 20% du montant cible. Après la première tranche, on achètera tous les six à neuf mois de nouvelles tranches de même taille, seulement si le cours est plus élevé. En construisant de la sorte son portefeuille de revenu, on s'assure que les gains de la première tranche viendront soutenir la tranche suivante et ainsi de suite.

8. La gestion active des devises peut-elle faire partie des préférences ?

Les portefeuilles diversifiés ou investis en actions internationales sont naturellement exposés aux principales devises. Même un portefeuille investi à 100% en actions françaises est exposé aux devises. Par exemple, la France représente moins de 10% des ventes de LVMH.

Un épargnant qui passerait la moitié de l'année au Japon aurait certainement intérêt à avoir en portefeuille davantage de placements libellés en yen, notamment s'il détient un portefeuille lui versant des revenus, afin de protéger ces derniers contre le risque de change.

Quant à savoir si les devises peuvent faire partie des convictions d'un portefeuille de préférences, la réponse est clairement non. À moins d'être un banquier central, il est impossible de prévoir l'évolution des devises. Les derniers à avoir fait fortune grâce aux devises sont Georges Soros et Stanley Druckenmiller et cela remonte à 1992 (ils avaient d'ailleurs déjà fait fortune avant sur d'autres positions). Depuis, aucun gérant star n'est devenu milliardaire en investissant sur les monnaies. Le Warren Buffett des devises n'existe pas.

AGIR

PARTIE TROIS

11. COMMENT DÉMARRER ET CONSTRUIRE VOTRE PORTEFEUILLE *SLOW MONEY*

La première partie a dressé le panorama des éléments essentiels pour gérer son patrimoine.

Il n'y a pas de secret : il suffit de rester investi et de se donner le temps de bénéficier de la capitalisation des intérêts. Ceci n'est possible que si le portefeuille est construit en prenant en compte les limites de risque propres à chacun. Rester dans la limite d'un niveau de risque prédéfini permet d'éviter de devoir gérer des émotions qui sont rarement bonnes conseillères.

Chaque situation personnelle étant par nature différente, le cadre général d'investissement doit être facilement adaptable aux attentes individuelles en matière de rendement, de revenus et de risques. C'est un vrai défi pour les banques qui n'ont ni le temps, ni les ressources pour proposer autre chose que des solutions génériques à leurs clients ayant un portefeuille compris entre trois cent mille et trois millions d'euros. Pour du vrai sur-mesure, le patrimoine financier devra dépasser la barre des cinq millions d'euros, voire celle des dix millions d'euros selon les établissements.

La deuxième partie a détaillé l'approche d'investissement *Slow Money*.

En s'appuyant sur une partie stable bien diversifiée, une partie générant des revenus et une partie permettant d'exprimer ses préférences ou ses convictions, cette approche flexible permet de coller au mieux aux besoins spécifiques de chaque personne ou famille.

L'objectif de la troisième partie est d'entrer dans la phase pratique.

- Concrètement, comment bâtir son propre portefeuille ?
- Comment faire la transition entre un portefeuille existant et le portefeuille cible que l'on souhaite construire ?
- Comment suivre ses positions et s'assurer qu'elles jouent correctement leur rôle ?

Cela, en toute sérénité et sans y passer trop de temps, conformément à la promesse du *Slow Money*.

Selon les piliers, les véhicules d'investissement seront soit des titres en direct, soit des fonds ou des ETFs, et chaque fois que possible, l'utilisation de ces derniers sera privilégiée. À la fois liquides et peu coûteux, ce sont les meilleurs véhicules pour exposer son portefeuille à un grand nombre de régions, de classes d'actifs et de titres.

Il conviendra bien sûr de comparer les frais de gestion, en regardant notamment les montants minima d'accès aux classes les moins chargées (la barre se situe le plus souvent entre €500k et €1mn). Les fonds prélevant des droits d'entrée ou de sortie seront ignorés.

Outre les frais de gestion, il est aussi important de regarder les frais de conservation, car leur impact sur la performance globale n'est pas négligeable après cinq ans ou plus. Quant aux frais de transaction, ils sont moins importants, car le taux de rotation des portefeuilles *Slow Money* est faible.

Enfin, avant de commencer à structurer son portefeuille, il est capital de regarder de près la fiscalité. Il est impossible de recommander une solution applicable à tous, tant chaque cas est différent. L'âge, la situation familiale, le lieu de résidence fiscale, le montant du patrimoine, etc. sont à prendre en compte pour définir le meilleur montage possible. Au regard de l'importance du sujet et de ses conséquences potentielles, il ne faut pas hésiter à consulter un conseiller en gestion de patrimoine, un conseiller fiscal ou un notaire pour vous faire aider. Payer des honoraires pour recevoir des explications claires et des solutions répondant à vos attentes est de l'argent bien investi.

Les résidents français utiliseront le PEA (versements plafonnés à €150k maximum par personne, avec la possibilité d'avoir deux plans par foyer fiscal), les contrats d'assurance-vie en unité de compte français ou luxembourgeois, ainsi qu'un compte-titres sur une plateforme de trading en ligne. À noter que certaines d'entre elles commencent à proposer des contrats d'assurance-vie, ce qui va certainement faire baisser les prix et simplifier la gestion de votre épargne.

Avant de souscrire un contrat d'assurance-vie, il conviendra de vérifier que les fonds ou ETFs que vous souhaitez utiliser sont accessibles. S'ils ne le sont pas, demandez à votre compagnie d'assurance-vie de les inclure ou tournez-vous vers un autre fournisseur. Pour vous faciliter la vie, certains gérants d'ETFs indiquent les contrats via lesquels leurs produits peuvent être souscrits. Attention enfin à ne pas centraliser toute votre épargne auprès d'une seule banque ou d'un seul courtier en ligne. La diversification passe aussi par le recours à des prestataires différents.

N'étant pas un spécialiste de ces plateformes, je préfère n'en mentionner aucune afin de ne cautionner personne. En revanche, dans les prochains chapitres, je citerai des fonds et des ETFs en fonction de leurs propres spécificités et qualités. Afin d'être tout à fait transparent, je précise que je n'ai sollicité aucune des sociétés de gestion nommées et que je ne reçois aucun bénéfice direct ou indirect à mentionner tel ou tel produit d'investissement.

Dans cette recherche, j'ai essayé d'être le plus objectif possible. Les produits présentés sont ceux que je considère comme les plus à même de répondre à nos attentes. J'aurais pu m'imposer de ne citer aucun fonds géré par Lombard Odier, mais cela n'aurait pas été dans l'intérêt du lecteur car ceux mentionnés font partie des meilleurs dans leur catégorie.

Si nous reprenons le cas de Martine et Bruno présenté au chapitre 7, leur épargne est structurée comme suit :

- **Pilier 1 (€700k) :** cette partie stable et diversifiée du portefeuille est investie dans deux contrats d'assurance-vie en unité de compte qui autorisent l'investissement en parts de fonds et d'ETF.

- **Pilier 2 (€450k)** : €300k sont placés dans deux PEA ouverts il y a plus de cinq ans et €150k sur un compte-titre ouvert auprès d'une plateforme de trading en ligne, qui centralisera tous les investissements en Amérique du Nord et en Asie. À noter que le PEA permet d'engranger des dividendes et des plus-values sans imposition immédiate lorsque celui-ci est ouvert depuis plus de cinq ans. Au-delà, les gains retirés échappent à l'impôt sur le revenu et à la contribution exceptionnelle sur les hauts revenus.

- **Pilier 3 (€50k)** : Pour éviter toute confusion, le portefeuille de préférences est géré sur un second compte-titre en ligne.

Chaque pilier ayant un ou plusieurs comptes spécifiques, cette structuration demande peu de temps à Martine et Bruno pour établir leur rapport de gestion mensuel et s'assurer que leur patrimoine évolue conformément à leurs attentes.

Revenons à votre patrimoine. À ce stade, votre objectif de gestion est clairement défini, ainsi que la stratégie que vous allez mettre en œuvre pour l'atteindre. Vos attentes sont réalistes et vous êtes conscient des risques pris et des règles de prudence à respecter, notamment en matière de diversification. Lorsque vous investissez dans une société, vous le faites avec l'idée de partager son avenir pendant une ou plusieurs décennies. Peut-être vendrez-vous votre position avant dix ans, mais votre intention de départ est bien de la conserver longtemps. Dans votre stratégie boursière, le temps travaille pour vous. Vous savez que l'appât du gain est l'ennemi de la patience et vous n'allez pas chercher à tout moment à être investi dans ce qui performe le mieux. Enfin, vous avez compris que la discipline est ce qui fait toute la différence entre se fixer un objectif et l'atteindre.

Vous voici prêt à sauter le pas et à entrer véritablement dans le monde du *Slow Money*.

LES 3 POINTS À RETENIR

— 1 —
Avant de commencer à investir, il est important de structurer vos investissements afin d'optimiser votre propre situation patrimoniale en matière de taxes et de transmission.

— 2 —
Les montages doivent rester simples et compréhensibles, permettant un suivi facile.

— 3 —
À l'heure des réseaux sociaux, s'enrichir lentement a peu d'attrait. La culture du narcissisme, de l'autopromotion et de la distinction sociale peut suggérer que devenir riche rapidement est l'objectif ultime. Pourtant, telle la tortue de la fable de La Fontaine, la majorité de ceux qui bâtissent un patrimoine financier significatif le font dans la durée. C'est l'esprit du *Slow Money*.

12. VOTRE PREMIER PILIER : LE PORTEFEUILLE DIVERSIFIÉ

Le portefeuille diversifié est la partie stable de votre portefeuille qui va capitaliser les intérêts pendant les années à venir. C'est à la fois un ancrage et une base de comparaison pour les deuxième et troisième piliers. Son allocation est globale, il est exposé à des classes d'actifs complémentaires qui lui permettent d'avoir toujours un moteur de performance en marche sur une période de quelques trimestres.

Nous allons étudier deux façons de construire votre premier pilier :
- La première consiste à gérer en direct votre exposition aux différentes classes d'actifs via des ETFs.
- La seconde utilise des fonds diversifiés qui partagent notre philosophie d'investissement centrée sur une diversification des risques.

1. Gérer son portefeuille diversifié avec des ETFs

Dans l'exemple présenté en première partie, l'allocation a été définie de façon telle que chaque classe d'actifs ait une contribution comparable au rendement et au risque sur le long terme. Contrairement aux portefeuilles diversifiés traditionnels qui reposent essentiellement sur les actions, notre approche cherche à éviter qu'une seule classe d'actif — en général les actions — ne produise l'essentiel de la performance sur la période d'investissement, car cela se traduirait par une trop grande concentration des risques.

Le premier pilier est donc composé de quatre familles d'actifs différentes, dont les cours montent ou baissent dans des environnements différents. Chacune est structurée pour avoir le même profil de rendement et de risque sur le long terme.

Pour rappel, nous avons vu dans la première partie deux types de profils : équilibré et dynamique, qui diffèrent par leur objectif de rendement et leur niveau de risque.

- **Le profil Équilibré** cherche à délivrer une performance à long terme comprise entre cash + 4% et cash +6.5% par an. Avec une inflation moyenne à 2% et en approximant le cash à l'inflation, cela correspond à un rendement moyen compris entre 6% et 8% par an. Quant au risque pris, il correspond à une performance négative sur douze mois glissants qui ne devrait pas être inférieure à -13.5%. En prenant l'hypothèse basse de 6% par an, un investissement de 100 verrait sa valeur doubler après douze ans (9 ans dans l'hypothèse haute d'un rendement de 8% par an).

- **Le profil Dynamique** aura une performance cible supérieure de 25%, avec bien sûr un niveau de risque également supérieur de 25%. Ainsi sur douze mois glissants, une baisse de 17% est possible. Sur une dizaine d'années, le portefeuille dynamique est construit pour délivrer une performance comprise entre cash +5% et cash +8% par an. En reprenant l'exemple d'une inflation moyenne à 2%, cela correspond à un rendement moyen compris entre 7% et 10% par an. Avec l'hypothèse basse de 7% par an, un investissement de 100 verrait sa valeur doubler après dix ans et trois mois (sept ans et trois mois dans l'hypothèse haute d'un rendement de 10% par an).

Voici un résumé de l'allocation cible de ces deux profils. Les positions de l'allocation Dynamique correspondent à celles de l'allocation Équilibrée augmentées de 25%.

	Allocation Équilibrée Cash + 4% à 6.5%	Allocation Dynamique Cash + 5% à 8%
Actions internationales	16.7%	20.8%
Actions de producteurs de matières premières	10%	12.5%
Or physique	6.7%	8.3%
Emprunts d'État à taux fixe	23.3%	29.2%
Emprunts d'État indexés sur l'inflation	23.3%	29.2%
Cash	20%	0%

La méthode la plus simple et la moins coûteuse pour répliquer ces allocations consiste donc à utiliser des ETFs.

En voici l'illustration concrète pour le portefeuille dynamique :

		ETF	VL	Frais	Code ISIN
Actions internationales	20.80%				
Actions monde développé	14.60%	Lyxor Core MSCI World UCITS ETF - ACC	EUR	0.12%	LU1781541179
Actions pays émergents	6.20%	Amundi MSCI Emerging Markets UCITS ETF - ACC	EUR	0.20%	LU1681045370
Actions de producteurs de matières premières	12.50%				
Matériaux	3.75%	Xtrackers MSCI World Materials UCITS ETF 1C	EUR	0.25%	IE00BM67HS53
Energie	3.75%	Xtrackers MSCI World Energy UCITS ETF 1C	EUR	0.25%	IE00BM67HM91
Agriculture	3.75%	iShares Agribusiness UCITS ETF	USD	0.55%	IE00B6R52143
Bois	0.62%	iShare Global Timber & Forestry	USD	0.65%	IE00B27YCF74
Eau	0.63%	iShares Global Water UCITS ETF	USD	0.65%	IE00B1TXK627
Or physique	8.30%	Amundi Physical Gold ETC	USD	0.15%	FR0013416716
Emprunts d'états à taux fixe	29.20%				
Eurozone - maturité longue	11.70%	Lyxor Euro Government Bond 10-15Y (DR) UCITS ETF - Acc	EUR	0.17%	LU1650489385
Eurozone - maturité très longue	8.50%	Lyxor Euro Government Bond 25+Y (DR) UCITS ETF - Acc	EUR	0.10%	LU1686832194
US - maturité très longue	9.00%	iShares $ Treasury Bond 20+yr UCITS ETF Hedged	EUR	0.07%	IE00BD8PGZ49
Emprunts d'états indexés sur l'inflation	29.20%				
Eurozone	14.60%	Lyxor Core Euro Government Inflation-Linked Bond UCITS ETF - Acc	EUR	0.09%	LU1650491282
US	14.60%	iShares $ TIPS UCITS ETF EUR Hedged (Acc)	EUR	0.12%	IE00BDZVH966

La plupart de ces ETFs sont interchangeables. En fonction de vos propres préférences, de la facilité d'accès et des coûts de transaction de votre banque ou de votre courtier, vous pouvez choisir d'autres fournisseurs parmi les grands noms : Amundi, BNP Paribas, Invesco, iShares, Lyxor, State Street, UBS, Vanguard, Xtrackers, etc.

Pour construire le portefeuille équilibré, il suffit de réduire de 20% le poids de chaque position du portefeuille dynamique (cf. tableau ci-dessous), et d'investir les 20% de cash résiduel dans un produit monétaire. Ces poids peuvent bien sûr être réduits plus ou moins en fonction de votre aversion au risque et de vos objectifs de rendement spécifiques. Tant que les proportions entre chaque sous-jacent sont respectées, le portefeuille reste équilibré et bien diversifié.

En voici l'illustration :

		ETF	NAV	Frais	Code ISIN
Actions internationales	16.64%				
Actions monde développé	11.68%	Lyxor Core MSCI World UCITS ETF - ACC	EUR	0.12%	LU1781541179
Actions pays émergents	4.96%	Amundi MSCI Emerging Markets UCITS ETF - ACC	EUR	0.20%	LU1681045370
Actions de producteurs de matières premières	10.00%				
Matériaux	3.00%	Xtrackers MSCI World Materials UCITS ETF 1C	EUR	0.25%	IE00BM67HS53
Energie	3.00%	Xtrackers MSCI World Energy UCITS ETF 1C	EUR	0.25%	IE00BM67HM91
Agriculture	3.00%	iShares Agribusiness UCITS ETF	USD	0.55%	IE00B6R52143
Bois	0.50%	iShare Global Timber & Forestry	USD	0.65%	IE00B27YCF74
Eau	0.50%	iShares Global Water UCITS ETF	USD	0.65%	IE00B1TXK627
Or physique	6.64%	Amundi Physical Gold ETC	USD	0.15%	FR0013416716
Emprunts d'états à taux fixe	23.36%				
Eurozone - maturité longue	9.36%	Lyxor Euro Government Bond 10-15Y (DR) UCITS ETF - Acc	EUR	0.17%	LU1650489385
Eurozone - maturité très longue	6.80%	Lyxor Euro Government Bond 25+Y (DR) UCITS ETF - Acc	EUR	0.10%	LU1686832194
US - maturité très longue	7.20%	iShares $ Treasury Bond 20+yr UCITS ETF Hedged	EUR	0.07%	IE00BD8PGZ49
Emprunts d'états indexés sur l'inflation	23.36%				
Eurozone	11.68%	Lyxor Core Euro Government Inflation-Linked Bond UCITS ETF - Acc	EUR	0.09%	LU1650491282
US	11.68%	iShares $ TIPS UCITS ETF EUR Hedged (Acc)	EUR	0.12%	IE00BDZVH966
Cash	20%	Placement à court terme	EUR		

À 0.16%, les frais de gestion de ces portefeuilles sont faibles.

Depuis la crise du Covid, ces portefeuilles ont affiché des performances solides : 7.19% en 2020 et 9.46% en 2021 pour le portefeuille dynamique, 5.75% et 7.57% sur les mêmes périodes pour le portefeuille équilibré (chiffres en euros, nets de frais de gestion).

Le fait que les valeurs liquidatives des ETFs mentionnés soient exprimées en euro ou en dollar n'est pas important, le coût de la commission de change à l'achat étant marginal en raison de la stabilité des positions. Assurez-vous quand même auprès de votre banquier ou de votre courtier de ne pas payer des commissions trop élevées.

Attention, la devise de la valeur liquidative et le risque de change sont des sujets différents. Dans le premier cas, un fonds investi en actions américaines, anglaises, australiennes, chinoises, japonaises et russes peut avoir sa valeur liquidative libellée en euros et porter un risque de change. Chaque jour, le cours des titres en devise locale est converti en euro pour calculer la nouvelle valeur liquidative. Ainsi, si l'action Apple est en portefeuille et si son cours est resté inchangé alors que le dollar s'est déprécié de 1% face à l'euro, alors une baisse de 1% sera prise en compte dans la valeur liquidative calculée en euro. C'est le risque de change.

Il est possible de couvrir ce risque.

En même temps que vous convertissez vos euros en dollars pour acheter un ETF ou un fonds libellé en dollars, vous vous engagez à céder ces mêmes dollars contre des euros dans un certain nombre de mois, en général entre un et douze mois.

Grâce à ce contrat à terme aussi appelé *forward contract*, vous verrouillez le taux de change pour les prochains mois. À l'échéance, exactement comme vous feriez avec un placement à trois mois renouvelé tous les trois mois, vous souscrivez un nouveau contrat à terme sur une nouvelle période.

Certains épargnants contractent leurs couvertures sur trois mois afin de les caler en même temps que le rebalancement de leur portefeuille. D'autres choisissent l'échéance proposant la couverture à terme la moins chère, soit celle sur laquelle la différence entre les taux en dollar et en euro est la plus faible. Après couverture du risque de change, la performance en euros est celle de l'ETF en dollars, minorée du coût de la couverture de change, qui elle-même dépend de la différence de taux en euro et en dollar sur l'échéance choisie. Cette différence est actuellement faible.

D'une façon générale, il n'est pas recommandé de couvrir le risque de change sur les placements en actions. Comme la plupart des sociétés en portefeuille sont des multinationales exposées à toutes les devises, la couverture fait peu de sens. En revanche. Il est important de couvrir ses investissements obligataires, afin de ne pas subir les fluctuations de change. Pour des raisons de simplicité, les deux ETFs d'emprunts d'État américains sélectionnés intègrent une couverture de change (cf. la mention « hedged » accolée à leur nom). Vous n'avez donc rien à faire, leur risque de change étant déjà couvert.

Gérer soi-même son patrimoine financier en achetant une douzaine d'ETFs est à la portée de tous. Ce serait encore plus facile si toutes ces classes d'actifs étaient regroupées dans un seul ETF répliquant le premier pilier de l'approche *Slow Money*. Un tel combo n'existe malheureusement pas sur le marché français.

Pour ceux qui recherchent la simplicité, une alternative reste possible grâce à des fonds sophistiqués qui partagent la même philosophie de diversification et vont même au-delà. À tout moment, ils cherchent à maintenir une stabilité du profil de risque et aussi de la contribution de chaque classe d'actif au risque global du portefeuille.

2. Gérer son portefeuille diversifié avec des fonds gérés de façon spécifique

Qu'il s'agisse du portefeuille Équilibré ou Dynamique, les allocations en ETF proposées sont réellement diversifiées, car sur le long terme, les niveaux attendus de rendement et de contribution au risque de chaque classe d'actifs sont comparables. Chacune est un moteur de performance qui contribuera plus ou moins fortement à la performance du portefeuille global selon l'environnement économique. En fonction de l'évolution des marchés, certains actifs se comporteront bien, d'autres souffriront et, in fine, le portefeuille réussira à traverser les tempêtes sans sombrer. Sur quelques mois, il pourra néanmoins tanguer, car son risque à court terme n'est pas stable.

Avec une approche similaire de la diversification, certains gérants d'actifs ont essayé de pousser le raisonnement plus loin, d'une part en essayant de maintenir constamment le niveau de risque du portefeuille global, et d'autre part en ajustant le poids de chaque classe d'actifs afin que leur contribution au risque soit similaire non seulement sur le long terme, mais aussi sur le court terme.

Ainsi, si les taux longs montent subitement, les emprunts d'État à long terme vont voir leur prix fluctuer davantage. Ils vont alors être perçus comme plus risqués à court terme et leur allocation dans le portefeuille va être réduite. Elle reviendra graduellement à sa position initiale une fois la situation normalisée. De même, au niveau global du portefeuille, si la valorisation fluctue au-delà d'un certain niveau, chaque classe d'actifs va voir son allocation réduite proportionnellement, afin de diminuer le niveau de risque global pendant une période difficile. Un peu comme si l'on baissait les voiles d'un bateau durant une tempête.

L'avantage de cette approche est sa grande capacité à limiter les baisses du portefeuille durant les crises. Le coût potentiel à payer est une moindre participation aux rebonds.

Dans nos portefeuilles équilibrés et dynamiques, le poids de chaque classe d'actifs est fixe, avec un rebalancement trimestriel. En cas de forte baisse de la valeur d'un actif, la position reste inchangée. Ainsi, elle verra son cours baisser puis captera la totalité du rebond après la crise.

Dans le cas de la stratégie de ces fonds, le portefeuille est impacté de la même façon au début d'un mouvement baissier, puis il va graduellement diminuer son exposition, protégeant ainsi mieux le portefeuille si la baisse se poursuit.

Lorsque le rebond se produira, sa pondération sera plus faible qu'au début de la baisse. Elle augmentera progressivement, mais en général, lorsque la classe d'actif sera revenue à son niveau d'avant crise, la performance de celle-ci au sein du portefeuille sera encore dans le rouge.

―― Pilier 1 diversifié   ••••• Approche sophistiquée

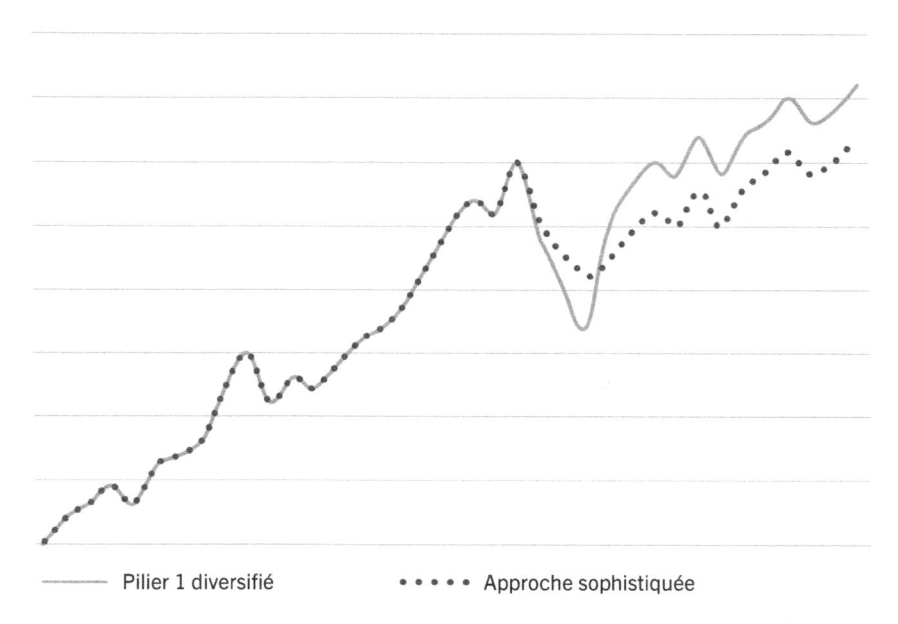

Les deux approches ont leurs mérites. La première est plus simple et un peu plus performante dans la durée, mais au prix d'un risque légèrement plus élevé. Plus technique, amortissant à la fois les chocs et les rebonds, la seconde a un profil de performance plus lissé.

Toute la question est de savoir s'il est préférable de rester constamment investi ou pas. Si l'on peut supporter le risque, la réponse est oui. Le graphe ci-dessous compare la performance de l'indice S&P500, dividendes réinvestis, des grandes actions américaines de 1988 à fin 2020 avec la performance réalisée sans les trois, cinq et dix meilleures séances.

Ainsi, au cours des 22 dernières années, quelqu'un qui aurait vendu la veille des dix meilleures séances aurait réalisé seulement 45% de la performance de l'indice.

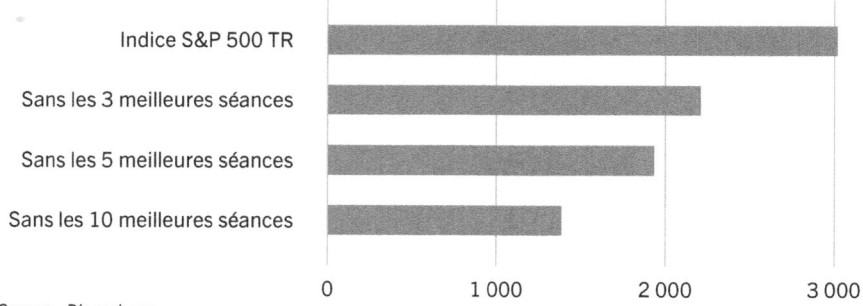

Source : Bloomberg
Tous les rendements sont exprimés en USD. Les rendements passés ne garantissent pas les rendements futurs.

Ce graphe suggère qu'il est préférable de rester investi. Or dans la vraie vie, un épargnant qui raterait les meilleures séances aurait certainement vendu avant le plus bas et aurait aussi échappé à des mauvaises séances. Pour avoir une vision plus correcte, il est donc utile de comparer ces chiffres avec la performance qui aurait été réalisée en manquant non seulement les trois, cinq et dix meilleures séances, mais aussi les trois, cinq et dix pires.

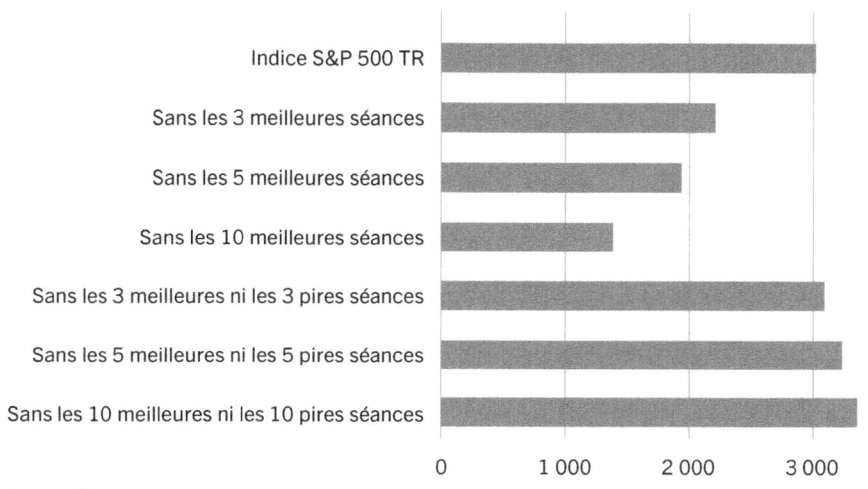

Catégorie	Valeur (approx.)
Indice S&P 500 TR	~3 000
Sans les 3 meilleures séances	~2 200
Sans les 5 meilleures séances	~2 000
Sans les 10 meilleures séances	~1 400
Sans les 3 meilleures ni les 3 pires séances	~3 100
Sans les 5 meilleures ni les 5 pires séances	~3 200
Sans les 10 meilleures ni les 10 pires séances	~3 300

Source : Bloomberg
Tous les rendements sont exprimés en USD. Les rendements passés ne garantissent pas les rendements futurs.

En allégeant ses positions dans la baisse, on limite ses pertes, on rate une partie du rebond, mais les dommages sont finalement limités. Cet exemple portant sur dix séances est seulement illustratif, mais il confirme l'intérêt de l'approche de gestion de ces fonds qui vise à ajuster leur allocation en fonction de l'évolution du risque à court terme de chaque classe d'actifs.

En Europe, cette approche sophistiquée qui comprend d'autres dispositifs est appliquée par une douzaine de gérants d'actifs, parmi lesquels Lombard Odier, Lyxor et MAN se détachent en matière de performance rapportée aux risques pris.

Leurs fonds correspondants sont les suivants :

Fonds	Objectif de performance	Risque*	Frais de gestion	Code ISIN
LO Funds – All Roads Conservative (EUR) P	Cash + 1% à 3%	5%	0.70%	LU1514035655
Lyxor Conservative Allocation Class A (EUR)	Cash + 2% à 4%	8%	0.90% + 10% de la performance supérieure au taux du cash	LU0539466150
LO Funds – All Roads (EUR) P	Cash +3% à 5%	10%	1%	LU0718509788
Lyxor flexible Allocation Class A (EUR)	Cash + 6% à 8%	18%	0.95% + 10% de la performance supérieure au taux du cash	LU0985424349
LO Funds – All Roads Growth (EUR) P	Cash + 6% à 8%	18%	1.50%	LU1542444416
Man AHL TargetRisk Fund Class D H EUR	Cash + 6% à 8%	18%	1.70%	IE00BRJT7613

* Loin des mesures conventionnelles de volatilité, ici le risque est exprimé comme la moyenne des 5% pires performances négatives sur 12 mois glissants qu'un investisseur doit être prêt à accepter en achetant ces fonds. C'est proche de la perte maximale qui pourrait être subie sur un an, en théorie. Le risque est bien entendu lié à l'objectif de performance, et le rendement ajusté du risque de ces fonds les situe parmi les tout meilleurs sur des horizons longs. Si votre conseiller vous présente des produits à la fois plus performants et moins risqués que ceux-ci sur longue période, prenez garde qu'il ne soit pas incompétent ou malhonnête.

Pour chacun des fonds présentés dans le tableau qui précède, le risque est lié à l'objectif de performance. Ce qui les différencie, c'est leur budget de risque, qui correspond approximativement au niveau de perte maximale sur un an glissant qu'un investisseur doit être prêt à accepter en investissant dans ces produits. La famille de fonds All Roads comprend ainsi trois fonds qui vont du moins risqué au plus risqué. Plus l'objectif de performance est élevé, plus le risque l'est également. C'est à vous de décider ce qui vous convient le mieux en prenant aussi en compte votre horizon de placement.

Avant d'investir dans un fonds, on cherche à comprendre sa philosophie de gestion, qui est ici similaire pour les trois gérants d'actifs. Ensuite, on s'intéresse plus en détail à son processus d'investissement pour comprendre comment il est géré et comment le risque pris est transformé en performance.

Toutes ces informations sont disponibles sur internet. Dans le cas présent, l'approche de chaque acteur est un peu différente et continue à être améliorée grâce à des efforts de recherche permanents.

Enfin, on regarde les frais de gestion qui viennent peser directement sur la performance.

Dans l'ensemble, ils se situent dans la moyenne de leur catégorie. Avec des frais de gestion proportionnels aux risques pris et donc à la performance réalisée, l'approche de Lombard Odier est cohérente.

En revanche, les frais fixes des fonds Lyxor sont complétés par une commission de performance égale à 10% de la performance supérieure au taux du cash (EONIA), ce qui pénalise ses deux fonds en cas d'excellente performance.

Sur de tels produits systématiques sans réelle limite de capacité (ces stratégies peuvent gérer des milliards), l'épargnant qui prend 100% des risques devrait aussi recevoir 100% de la performance. Pour justifier des frais variables, les frais fixes devraient être beaucoup plus bas que ceux des fonds concurrents, ce qui n'est pas le cas dans cet exemple. À noter que, pour des investissements compris entre 500k€ (pour les fonds Lyxor) et un peu plus d'un million d'euros, ces fonds ont des classes moins chargées.

Afin de diversifier les sources de performance, il est possible d'investir le pilier diversifié de votre portefeuille dans plusieurs de ces fonds. Détenir en même temps All Roads Growth et Man AHL TargetRisk fait beaucoup de sens.

Un épargnant qui souhaiterait investir 60% de son portefeuille dans une stratégie équilibrée de type All Roads (objectif de performance autour de cash +4% avec un risque de 10%) pourrait n'en investir que 30% dans la version plus risquée All Roads Growth (objectif de performance autour de cash +7% avec un risque de 18%). Cela libèrerait des liquidités pour financer un autre projet, sous réserve de bien respecter le niveau de risque du portefeuille global.

Une question récurrente concerne le comportement de ces fonds par rapport aux fonds diversifiés traditionnels dont les performances reflètent les prévisions de marché de gérants renommés.

Autrement dit, pour la partie stable de son portefeuille qui cherche à capitaliser des rendements sur le long terme sans provoquer d'insomnie, est-il préférable de s'en remettre à une approche systématique, sans vue de

marché, qui cherche à maintenir à tout moment une exposition à différents moteurs de performance complémentaires, ou à une approche basée sur les analyses et anticipations de gérants tous plus brillants les uns que les autres ?

Sur le long terme, la réponse est sans appel.

Pour nous faire une idée, comparons la performance du fonds All Roads (code ISIN : LU0718509788) avec celle du fonds Carmignac Patrimoine (code ISIN : FR0010135103), un des fleurons de la gestion diversifiée en France.

En multipliant l'épargne de ses clients par plus de huit fois depuis son lancement en 1989, Carmignac Patrimoine a tenu sa promesse de faire fructifier le patrimoine financier de ses clients à partir d'une approche fondamentale, basée sur des vues de marché et mise en œuvre par une équipe au talent et au professionnalisme reconnus.

Depuis le lancement de All Roads le 24 janvier 2012 jusqu'au 30 décembre 2020, les deux fonds affichent la même performance de +35% net de frais de gestion, soit environ 3.40% par an. Pour autant, leur parcours a été différent. Dans le cas de la gestion systématique de All Roads, la performance s'est appréciée régulièrement, certes avec des périodes meilleures que d'autres, mais sans grands à-coups à la hausse ou à la baisse. Ses objectifs de performance (cash + 3% à 5%) et de "risque" maximum (10% de perte sur un an glissant) ont bien été respectés.

De son côté, Carmignac Patrimoine a connu de fortes hausses et également de fortes baisses. Comme présenté sur le graphe ci-dessous, le fonds a perdu 20% entre avril 2015 et décembre 2018 alors que, sur la même période, All Roads ne perdait que 0.70%.

Au-delà de la performance, la question est la suivante : si deux épargnants avaient investi chacun dans un de ces fonds début 2012 avec l'idée de conserver leur position pour faire grossir leur capital sur le long terme, lequel aurait eu le plus de difficultés à respecter son plan ?

Clairement, celui qui aurait choisi le fonds All Roads aurait plus facilement maintenu sa confiance et conservé sa position, du fait de sa meilleure stabilité durant des marchés difficiles. C'est toute la beauté du premier pilier de l'approche *Slow Money*.

LOF All Roads vs Carmignac Performance

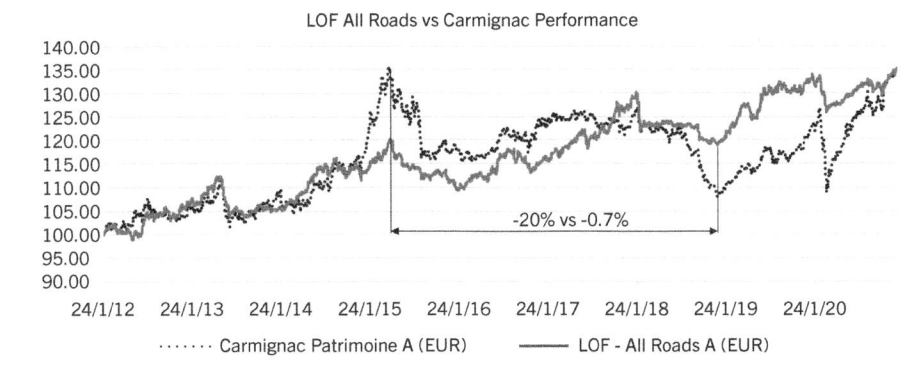

(Graphique : Carmignac Patrimoine A (EUR) vs LOF - All Roads A (EUR), période 24/1/12 – 24/1/20, avec annotation "-20% vs -0.7%")

Quant aux épargnants capables de supporter une perte de 20% sur plus de trois ans sans remettre en question leur position, le fonds All Roads n'est pas suffisamment risqué pour eux.

Leur appétit au risque serait mieux rémunéré en investissant dans les stratégies ayant un budget de risque proche de 20%, comme All Roads Growth ou Man AHL TargetRisk. Avec un budget de risque représentant environ le double de celui de All Roads, leur performance est également deux fois plus élevée.

Ainsi, pour l'épargnant, le choix consiste entre (a) faire +35% sur près de neuf ans (soit 3.4% par an) avec un risque de perte de -10% entre un point haut et un point bas, (b) faire la même performance sur la même période, mais avec un risque de -20% ou (c) faire une performance de +80% (soit 6.8% par an) avec un risque de -20%.

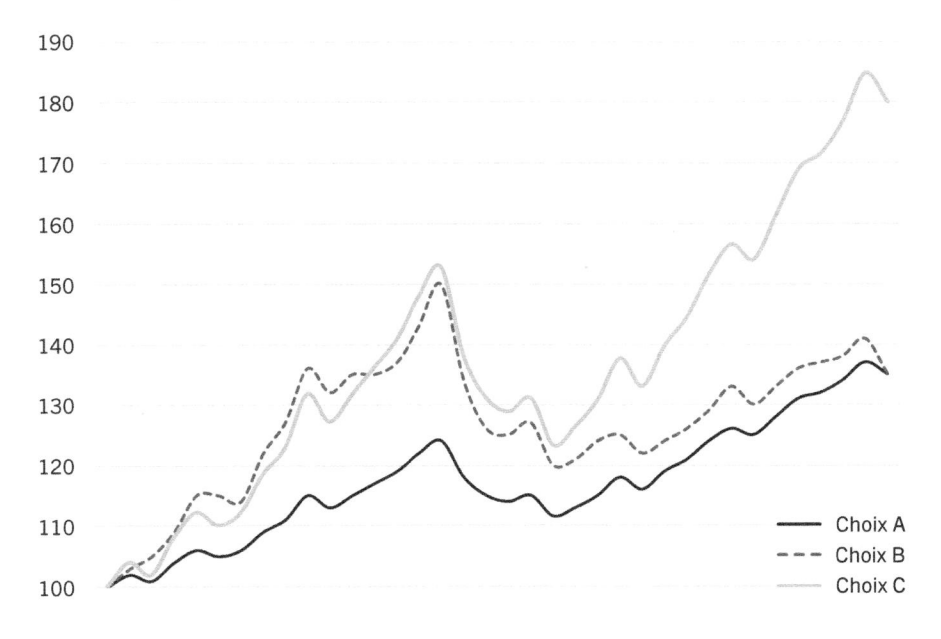

(Graphique : Choix A, Choix B, Choix C)

Cela nous ramène à l'un des points clés de la capitalisation des intérêts et nous rappelle que la première règle en matière d'investissement est de limiter ses pertes.

L'exemple ci-dessous montre qu'après trois années de performance égale à 10%, une seule année avec une performance de -10% suffit à diviser par deux le rendement annualisé. Pire, pour retrouver la tendance des 10% par an, il est nécessaire de gagner 34.5% la cinquième année.

Année	Performance de l'année	Rendement annualisé	
1	10%	10%	
2	10%	10%	
3	10%	10%	
4	-10%	4.6%	Une seule année de pertes détruit le taux annualisé.
5	34.5%	10%	Il faut gagner 34.5% pour revenir à 10% par an

LES 3 POINTS À RETENIR

— 1 —

Le premier pilier d'un patrimoine financier est un portefeuille international, liquide, mais stable, dont le niveau de risque exprimé en potentiel de perte sur un an glissant est clairement défini. Pour transformer ce budget de risque en performance, il est investi dans des classes d'actifs complémentaires dont les poids sont ajustés afin d'atteindre une diversification effective. Sur le long terme, on attend de chaque famille d'actifs qu'elle contribue de façon similaire à la performance globale.

— 2 —

Le portefeuille diversifié tel que présenté en première partie peut être géré en investissant directement dans des ETFs spécialisés, chacun contribuant à la performance selon l'environnement économique.

— 3 —

Certains fonds partagent la même philosophie de gestion et intègrent des systèmes sophistiqués pour contrôler le risque, à la fois au niveau de chaque classe d'actifs et du portefeuille. Ces fonds représentent une alternative simple et moins chronophage à la gestion d'ETFs en direct.

13. VOTRE DEUXIÈME PILIER : LE PORTEFEUILLE DE REVENU — ACTIONS À DIVIDENDE

Le portefeuille de revenu investi en actions cherche à identifier des sociétés solides dont le dividende va continuer à croître régulièrement. Ces dividendes seront réinvestis durant les premières années puis, progressivement, ils seront effectivement perçus et viendront compléter les autres sources de revenus.

Compte tenu de cet objectif spécifique, les entreprises sont sélectionnées à partir de critères stricts présentés au chapitre 7. Au-delà des chiffres, il est essentiel de comprendre, pour chaque société, son *business model*, ses moteurs de croissance, sa rentabilité, son pricing power (la capacité à augmenter le prix de vente de ses produits ou services), ses concurrents, etc.

Même si les titres peuvent être vendus à tout moment, chaque position est constituée dans une optique d'investissement à long terme. Aussi est-il important de s'intéresser à une compagnie comme si on souhaitait l'acquérir, en portant toute son attention sur le long terme, en se demandant à quoi elle pourrait ressembler dans cinq ans, dans dix ans. Grâce à ce travail préalable, les fluctuations à court terme importent peu et sont moins anxiogènes. Savoir que les profits d'une entreprise dans dix ans seront beaucoup plus élevés est bien plus important que regarder une action gagner ou perdre 10% en un mois. C'est le ciment de la confiance.

Par exemple, dans le secteur de l'impression, une société comme Xerox est solide et son dividende proche de 5% peut paraître attractif. Il est toutefois difficile d'avoir une vue positive sur sa croissance à dix ans, dans un monde où la digitalisation va continuer à prendre le pas sur le papier. Le risque à moyen terme est de voir cette entreprise réduire son dividende, ce qui aurait pour conséquence directe de faire baisser le prix de son action. Pour les actionnaires, ce serait une double peine. Le marché ne s'y trompe d'ailleurs pas, le prix de l'action Xerox se situant à un niveau proche de son cours d'il y a trente ans.

Ainsi, même si certaines compagnies font partie des fameux *dividend aristocrats* en raison de la régularité du paiement de leurs dividendes passés, elles n'ont pas forcément leur place dans notre portefeuille.

Les compagnies pétrolières pourraient connaître des difficultés semblables d'ici quelques années. Le marché du pétrole ne va pas disparaître en dix ans, mais seuls les acteurs qui investissent fortement dans la transition énergétique seront capables de continuer à verser de bons dividendes. Il convient donc d'être prudent dans la sélection.

Comme souvent, la clé du succès consiste à bien se préparer, pour avoir un plan prêt à être exécuté le moment opportun.

Ce n'est pas lorsque les marchés baissent qu'il faut se poser la question de savoir quoi acheter. Quand, début 2020, l'action TotalEnergies avait perdu plus de la moitié de sa valeur en moins de cinquante jours, ce n'était plus le moment de s'intéresser au titre. Trop tard, trop de covid, trop d'émotions... En revanche, ceux qui étaient préparés connaissaient la solidité de la compagnie et savaient qu'en achetant autour de 22€, ils s'assuraient un dividende de 12% pour les prochaines années. Cela leur permettait de voir venir...

1. Comment se préparer à investir

Bien se préparer est à la portée de tous. Pour commencer, il suffit d'identifier et de suivre une vingtaine d'entreprises solides. Progressivement, on commence à s'y intéresser, on les connaît de mieux en mieux, puis on comprend leur fonctionnement et on devient capable de se faire une idée de l'évolution de leur activité à long terme. Si l'entreprise semble intéressante, on l'ajoute à sa *watch list*. Idéalement, cette liste contient des sociétés de différents secteurs, implantées dans différents pays. Les activités trop cycliques seront exclues et le nombre de financières (banques et assureurs) et de sociétés dont la valorisation est étroitement liée au prix de matières premières (sur lesquelles nous avons peu de visibilité) sera limité.

La meilleure façon de s'intéresser à une entreprise est d'acheter son action. Inutile d'en acheter beaucoup, le minimum suffit à déclencher un intérêt naturel. Le tableau ci-dessous dresse une liste de compagnies aux fondamentaux solides, dont la croissance est assurée par un positionnement fort et un *business model* robuste, qui ont un long historique de paiement de dividendes et un *payout ratio* raisonnable (leurs dividendes représentent moins de 80% de leur résultat).

Pour établir votre propre *watch list*, vous pouvez commencer par choisir quelques noms parmi la sélection ci-dessous, en fonction de votre intérêt pour la société ou pour son activité.

Pour des raisons fiscales (PEA) et de change, cette liste comporte davantage de titres européens. N'oubliez pas de choisir différents secteurs. Si cela vous semble compliqué, essayez de commencer avec une dizaine de noms seulement, puis vous compléterez votre liste plus tard.

Action	Activité	Pays	Rendement du dividende (mi-2021)	Fourchette de rendement du dividende sur 10 ans
Air Liquide	Gaz industriels	France	1.9%	[1.8% - 2.6%]
Colruyt Group	Grande distribution	Belgique	3.1%	[2.1% - 3.1%]
Coloplast	Soin des stomies et de l'incontinence	Danemark	1.8%	[1.3% - 2.7%]
Danone	Agroalimentaire	France	3.2%	[2.6 – 3.7%]
Deutsche Telekom	Opérateur télécom	Allemagne	3.4%	[3.1% - 8.1%]
EssilorLuxottica	Fabrication et distribution de verres ophtalmiques, lentilles et lunettes	France	1.4%	[0% - 2%]
Fielmann	Fabrication et distribution de verres ophtalmiques	Allemagne	1.8%	[0% - 3.5%]
Fresenius Medical Care	Services de dialyse	Allemagne	2.0%	[1% - 2%]
Iberdrola	Énergie	Espagne	4%	[0.4% - 6%]
KPN	Opérateur télécom	Pays-Bas	4.9%	[0% - 11%]
Legrand	Systèmes pour installations électriques et réseaux d'information	France	1.6%	[1.6% - 3.3%]

L'Oréal	Produits cosmétiques	France	1.1%	[1.1% - 2.2%]
Munich Ré	Assurance	Allemagne	4.2%	[3.8% - 6.5%)
Sanofi	Industrie pharmaceutique	France	3.7%	[3.5% - 4.8%]
SAP	Logiciels de gestion	Allemagne	1.6%	[1.3% - 1.7%]
TotalEnergies	Énergie	France	6.8%	[4.7% - 8.2%]
BAE Systems	Défense et aérospatial	Royaume-Uni	4.5%	[3.3% - 6%]
Nestlé	Agroalimentaire	Suisse	2.4%	[2.4% - 3.5%]
Novartis	Industrie pharmaceutique	Suisse	3.5%	[2.9% - 4.4%]
Roche	Industrie pharmaceutique	Suisse	2.6%	[2.6% - 4.6%]
Swisscom	Industrie pharmaceutique	Suisse	4.2%	[4% - 6%]
Zurich Insurance	Assurance	Suisse	5.1%	[4.9% - 7.5%]
AbbVie	Santé	US	4.5%	[2.8% - 6.3%]
Air Products and Chemicals	Gaz industriels	US	2.1%	[1.8% - 3.3%]
Automatic Data Processing	Solutions de gestion RH	US	1.9%	[1.9% - 3.3%]
AT&T	Télécom	US	7.1%	[4.6% - 7.3%]
Becton Dickinson	Équipement médical	US	1.3%	[1.2% - 2.5%]
Clorox	Produits d'entretien	US	2.6%	[2% - 3.7%]
Coca Cola	Agroalimentaire	US	3.1%	[2.8% - 3.6%]
General Mills	Agroalimentaire	US	3.4%	[2.8% - 4.7%]

General Dynamics	Défense	US	2.5%	[1.6% - 3.3%]
Home Depot	Distribution bricolage, jardinage, équipement de la maison	US	2.0%	[1.8% - 3%]
IBM	IT	US	4.7%	[1.5% - 5.4%]
Intel	Semi-conducteurs	US	2.4%	[2.3% - 4.2%]
Johnson & Johnson	Industrie pharmaceutique	US	2.5%	[2.4% - 3.8%]
Merck	Industrie pharmaceutique	US	3.3%	[2.6% - 4.7%]
Microsoft	IT	US	0.8%	[3.4% - 0.8%]
3M	Conglomérat	US	3%	[2% - 4%]
Pepsi cola	Agroalimentaire	US	2.9%	[2.8% - 3.6%]
Pfizer	Industrie pharmaceutique	US	4%	[3.1% - 4.3%]
Procter & Gamble	Hygiène et produits de beauté	US	2.6%	[2.3% - 3.8%]
China Construction Bank	Banque	Chine	6.4%	[4.6% - 7.4%]
PICC (People's Insurance Group)	Assurance	Chine	7.1%	[0.3% - 8.2%]

Toutes ces entreprises sont solides et ont un historique de dividendes versés sans interruption sur de longues, voire de très longues périodes. Dans la plupart des cas, les dividendes ont connu une croissance régulière. Par exemple, depuis 1980, les dividendes de Coca-Cola et de Johnson & Johnson ont augmenté chaque année. La fourchette de rendement sur 10 ans exclut les événements extrêmes durant lesquels les rendements ont pu atteindre des niveaux plus élevés pendant quelques semaines. Elle peut être utilisée pour définir les niveaux de sous- et surévaluation tels que présentés au chapitre 7.

Il existe peu d'entreprises asiatiques solides versant des dividendes en hausse régulière. Compte tenu des taux de croissance élevés des marchés sur lesquels elles opèrent, la plupart préfèrent réinvestir leurs bénéfices pour développer leur activité plutôt que de les distribuer à leurs actionnaires. Leur croissance plus forte devrait in fine se traduire par une hausse de la valeur de leurs actions.

Deux valeurs chinoises cotées à Hong Kong figurent dans ce tableau. Elles ne sont pas à proprement parler des *dividend aristocrats* et ne sont pas destinées à figurer dans un véritable portefeuille de revenu. Par ailleurs, ce sont des valeurs financières dont nous cherchons généralement à rester à l'écart. L'intérêt de les inclure dans notre *watch list*, voire d'investir un montant limité dans leurs actions est de s'intéresser à un marché qui va devenir incontournable.

Les bourses de Shanghai, Shenzhen et Hong Kong comptent déjà plus d'entreprises cotées que les bourses américaines, New York Stock Exchange et Nasdaq combinés, et l'écart va s'accroître dans les années à venir. Par ailleurs, compte tenu des perspectives de croissance de la Chine, il est permis de prévoir une appréciation progressive du yuan par rapport à l'euro et au dollar américain au cours des prochaines années. Si c'est le cas, le rendement de dividende de ces actions qui pour la plupart correspondent à des revenus en yuan pourraient représenter bien plus à l'avenir pour un investisseur situé dans la zone euro.

Dans cette *watch list* d'une cinquantaine de noms, chaque entreprise mériterait un chapitre complet. Cela nous obligerait toutefois à nous éloigner de notre objectif, qui est de définir l'approche *Slow Money* : un cadre d'investissement simple permettant de faire croître votre patrimoine sur le long terme grâce à la capitalisation des intérêts, et pouvant aussi apporter un complément de revenus à ceux qui le souhaitent.

Pour chaque pilier, nous pourrions envisager plus de détails et des mises à jour régulières sur un site www.slow-money.fr. Peut-être un jour... En attendant, regardons ensemble comment s'intéresser à une entreprise pour la comprendre, et prenons pour exemple le premier nom de la liste, Air Liquide.

2. Comment analyser les entreprises en vue d'y investir

Lorsque nous nous intéressons à une entreprise, son bilan et son compte de résultat sont loin d'être les informations les plus importantes. Inutile d'être un as de l'analyse financière à ce stade. Nous mettant dans la peau d'un investisseur à la recherche d'une entreprise à acheter, notre priorité est de comprendre ce qu'elle fait.

- A-t-elle un métier unique ?
- A-t-elle beaucoup de clients ?
- Quels sont ses marchés ?
- Qui sont ses concurrents ?
- Quelles sont les barrières à l'entrée ?

Juste quelques questions de bon sens.

Prenons l'exemple d'Air Liquide, leader mondial des gaz industriels.
Air Liquide exerce plusieurs métiers pour au moins six types de clients différents :

• Les clients de l'industrie lourde qui ont d'énormes besoins en gaz
Air Liquide exerce plusieurs métiers pour des acteurs différents. À ses clients de l'industrie lourde (raffineries de pétrole, chimie, métallurgie) dont la production quotidienne consomme des quantités de gaz colossales (par exemple, de l'oxygène est insufflé dans les hauts-fourneaux pour faire monter leur température, faciliter l'injection du charbon pulvérisé qui vient en complément du coke, et réduire les gaz de fumée), Air Liquide installe des unités de fabrication de gaz directement dans leurs usines, dans le cadre de contrats à long terme, ce qui lui assure une excellente visibilité sur son chiffre d'affaires. Cette activité a représenté 24% du chiffre d'affaires 2020.

Pour chacun de ces contrats avec l'industrie lourde, les investissements sont considérables. Par exemple, lorsque la société Yuhuang Chemicals a installé la plus grande usine de production de méthanol en Louisiane en 2017, Air Liquide a fourni l'unité dite PSA (*Pressure Swing Adsorption*) qui permet d'extraire et purifier l'hydrogène présent dans différents flux riches en hydrogène. L'investissement représentait 170 millions de dollars. Les contrats de production signés avec de tels partenaires le sont en général pour des durées de 15 à 20 ans.

- **Des industriels ayant besoin d'oxygène en quantité plus limitée**
Cette clientèle constitue une autre source de revenus pour Air Liquide. Le produit est distribué directement sous forme liquide ou gazeuse selon les quantités souhaitées. Ici, les clients sont les industriels de l'alimentaire (oxygénation de bassins d'élevage de poissons, conservation des aliments sous vide), du verre (fusion écologique des matières premières), de l'aéronautique (fabrication de matériaux ultralégers), du papier (blanchiment écologique de la pâte à papier), de l'espace (comburant cryogénique pour moteurs de fusée), etc.

L'ensemble de la chaîne logistique, allant des sites de production jusqu'aux réservoirs situés sur les sites des clients en passant par les camions, est digitalisée, ce qui permet de collecter des données et de les analyser pour améliorer le service aux clients (analyse prédictive de la demande, sur la base des schémas de consommation et des stocks de chaque client), la performance opérationnelle (optimisation de l'approvisionnement en gaz en fonction des coûts de production et de l'implantation géographique des sites) et l'empreinte carbone, qui est minimisée par l'optimisation des tournées des camions.

- **Une clientèle dite de l'industriel marchand très diversifiée**
Les contrats avec cette clientèle représentent 44% du chiffre d'affaires d'Air Liquide. Ils sont passés avec des acteurs très diversifiés et ne nécessitent pas l'immobilisation de capitaux aussi importants que les marchés passés avec l'industrie lourde. Ils sont signés pour des durées le plus souvent inférieures à cinq ans.

- **Les entreprises liées à la santé**
Elles ont représenté 18% du chiffre d'affaires de l'entreprise en 2020. Forte de 16.500 salariés présents dans 35 pays, Air Liquide Santé assure la fabrication et l'approvisionnement de gaz médicaux pour les hôpitaux et les soins à domicile. Les gaz médicinaux sont des médicaments utilisés pour la ventilation, l'oxygénation, l'anesthésie et la réanimation. Ils sauvent des vies et contribuent à la prise en charge de la douleur des patients.

- **Les entreprises du secteur électronique**
Ce secteur a représenté 10% du chiffre d'affaires 2020. Les fabricants de semi-conducteurs ou de cellules solaires ont en effet besoin de gaz ultra purs pour assurer leur production. Le développement des voitures autonomes et

autres objets connectés sera une source de croissance importante pour Air Liquide au cours des prochaines années.

• Les nouveaux marchés liés à la transition énergétique
Ce secteur n'a représenté que 3% du chiffre d'affaires de 2020, mais il pourrait connaître un fort développement dans un avenir proche. Il concerne les solutions énergétiques respectueuses de l'environnement comme l'hydrogène, le bio-gaz naturel pour véhicules, le transport réfrigéré à l'azote et aussi le traitement et l'injection du biométhane (gaz naturel renouvelable produit à partir de déchets) et de nouvelles applications de l'hydrogène pour la mobilité propre.

Air Liquide c'est aussi une répartition géographique de son chiffre d'affaires bien diversifiée. En 2020, le continent américain représentait 40% des ventes, l'Europe 35%, l'Asie-Pacifique 22% et le Moyen-Orient et l'Afrique 3%.

Ainsi, lorsqu'on cherche à comprendre le modèle de développement d'Air Liquide, on comprend que, de la bouteille d'oxygène médical au smartphone, de l'énergie à l'alimentation, ce groupe travaille dans le monde entier avec la quasi-totalité des secteurs de l'économie. Cela lui permet de naviguer entre les écueils des cycles économiques et d'afficher une croissance rentable dans la durée.

Entre 1990 et 2020, son chiffre d'affaires est passé de €4.4md à €20.5md, soit 5.3% de croissance annuelle moyenne, et le bénéfice net ajusté par action est passé de €0.74 à €5.16, soit 6.7% de croissance annuelle moyenne. Quant au dividende ajusté par action, il est passé de €0.34 à €2.75, soit une croissance annuelle moyenne de 8.5%.

À titre de comparaison, l'inflation moyenne en France sur la même période de 30 ans s'est établie à 1.50% par an. Un épargnant qui aurait investi dans Air Liquide dans le cadre de son portefeuille de revenu aurait ainsi vu ses revenus être multipliés par huit en 30 ans, soit beaucoup mieux que l'augmentation moyenne des salaires ou la revalorisation des pensions de retraite depuis 1990. En comparaison, les revenus locatifs ont à peine doublé en trente ans (sans compter les charges d'entretien du bien). En effet, l'indice INSEE de la construction qui était utilisé comme indice de référence pour la révision des loyers (il n'existe pas d'historique sur trente ans de l'indice actuellement utilisé, l'IRL) est passé de 952 fin 1990 à 1.795 fin 2020.

Toutes ces informations sont clés pour comprendre que nous avons affaire à une entreprise exceptionnelle, qui a une grande visibilité sur ses ventes, des clients très fidèles, un nombre de concurrents limité du fait de barrières à l'entrée élevées, et des perspectives de croissance fortes liées notamment à la transition climatique qui va être le grand sujet des prochaines décennies.

Évidemment, il sera nécessaire de s'intéresser à ses fondamentaux financiers et à sa valorisation afin de ne pas acheter l'action à un prix trop élevé. Toutefois, si demain les marchés d'actions entraient dans une forte crise et baissaient violemment, il serait inutile de trop s'interroger sur Air Liquide avant de passer un ordre d'achat.

Nous ne nous attarderons pas sur les autres entreprises de la liste. Toutes ont des positions très fortes, des fondamentaux solides et des perspectives intéressantes. L'exemple ci-dessus a montré qu'il n'est pas difficile de comprendre l'activité d'une entreprise. Toutes ces informations sont en ligne. Les regrouper, les lire et les assimiler prend seulement quelques heures, soit pas plus que d'aller visiter un appartement que vous pourriez envisager d'acheter.

Microsoft mérite néanmoins un commentaire, car, à 0.7%, son rendement de dividende est très bas et dénote par rapport aux autres valeurs. Pourquoi inclure ce titre dans un portefeuille dit de revenu ? Tout simplement parce que, depuis 2005, l'entreprise a clairement changé le traitement de ses actionnaires et a commencé à distribuer un dividende qui s'est apprécié chaque année depuis, de près de 14% en moyenne. Passant de 0.32 dollar en 2005 à 2.34 en 2021, il a été multiplié par plus de sept fois sur la période et ne représente actuellement que 30% du résultat net de l'entreprise. Si le rendement est si bas, c'est simplement parce que l'action est très chère. L'entreprise n'en reste pas moins exceptionnelle. Attendre un meilleur prix pour investir dans Microsoft permettra de s'assurer dans le futur des revenus confortables et en croissance.

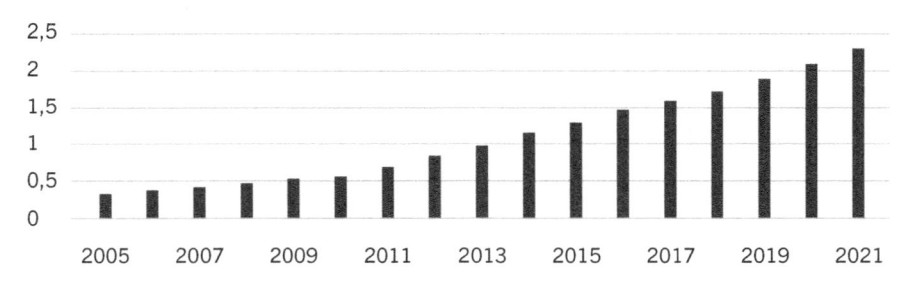

Attendre, oui, mais jusqu'à quand ? La question est essentielle, et il n'y a pas de réponse unique. Par définition, personne ne sait jusqu'où un prix peut baisser durant une phase de consolidation ou une crise de marché.

3. Quand et Comment construire son portefeuille dans le temps ?

Dans la cadre de l'approche *Slow Money*, s'agissant d'un projet d'investissement à très long terme, mieux vaut ne pas se précipiter pour construire son portefeuille, en étalant ses achats dans le temps.

On commencera par prendre des positions symboliques dans les titres de sa *watch list*, juste pour les suivre et progressivement mieux connaître chaque entreprise de sa liste.

Ensuite on achète par tiers.

On attendra un recul généralisé des marchés de 10% à 15%, comme il s'en produit quasiment chaque année, et on achètera un tiers de la position cible d'un titre, mais seulement lorsque celui-ci aura amorcé son rebond — par exemple lorsque son prix sera passé au-dessus du plus haut du dernier ou des deux derniers mois. Puis on laissera s'écouler quelques trimestres, le temps de voir le marché — et ses titres — s'apprécier ou poursuivre le mouvement de baisse.

Dans le premier cas (scénario 1 du graphe ci-après), un deuxième tiers pourra être acheté après avoir réalisé un gain de 15% sur le premier achat. Cela constituera un coussin appréciable en cas de future baisse.

Dans le second cas (scénario 2) , si le titre perd à nouveau 10% à 15% par rapport au cours d'achat initial, un deuxième tiers sera acheté, également après l'amorce d'un rebond (au minimum, le plus haut du dernier mois doit avoir été retouché).

Cette stratégie n'est valable que parce que les entreprises ont été analysées et sélectionnées pour leur solidité et leur potentiel à long terme.

Qui ne serait pas ravi de pouvoir acheter des actions Air Liquide, Pepsico ou Nestlé avec 15% de rabais sur le premier tiers, 28% sur le deuxième tiers

((100 - 15%) - 15% = 72.25), voire 39% sur le troisième tiers en cas d'une baisse supplémentaire de 15% après le deuxième achat (((100 - 15%) - 15%) − 15% = 61.4) ?

Leur rendement pour les longues années à venir n'en serait que plus élevé. À titre de référence, parmi ces trois titres, aucun n'a perdu plus de 39% au pire de la crise de 2008, ce qui illustre leur nature défensive. Évidemment, les performances passées ne préjugent pas des résultats futurs, et des baisses plus élevées sont possibles à l'avenir !

Toutefois, une telle approche prudente permet d'éviter le piège d'avoir à supporter d'entrée une perte très importante.

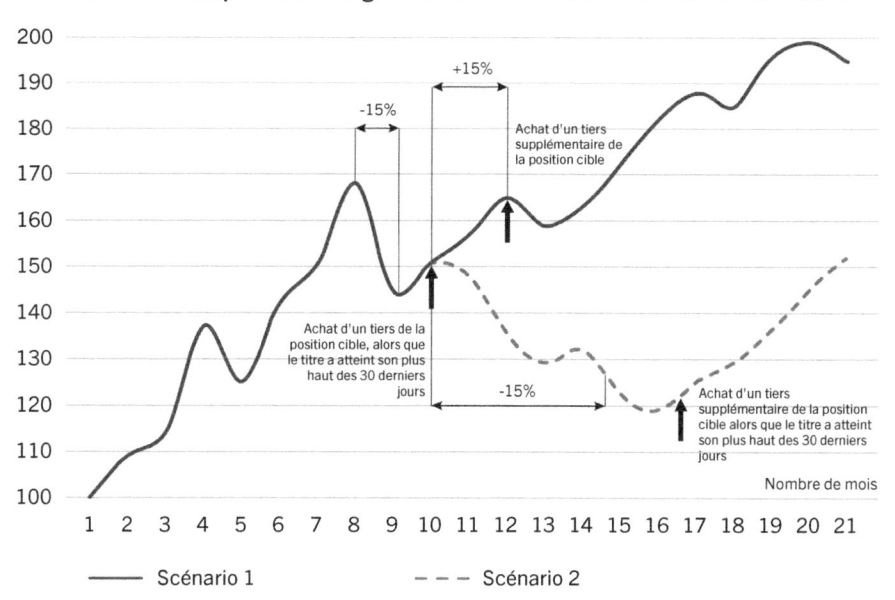

Construction d'une position à long terme selon l'évolution du cours d'une action

Au début, construire un portefeuille d'actions à dividende en vue de recevoir des revenus sur le long terme nécessite d'y consacrer du temps puis, une fois en place, le suivi et la gestion sont moins chronophages.

Constatant que les gens faisaient beaucoup de recherches avant d'acheter un grille-pain, le grand Peter Lynch s'étonnait qu'ils ne fassent pas la même chose avant d'acheter des actions. La raison tient certainement à la complexité de la tâche.

Que regarder, par où commencer, comment se faire son propre jugement ?

L'approche *Slow Money* donne un cadre utile pour éviter de se disperser. Pour certains, cela restera insuffisant. D'autres reliront ces pages, prendront des notes, effectueront des recherches par ailleurs et réussiront à prendre en main leurs finances. La plupart continueront à travailler avec leur conseiller en gestion de patrimoine ou leur banquier. Mieux préparés, plus en mesure de définir leurs attentes, ils établiront un dialogue de meilleure qualité qui leur permettra de recevoir le service qu'ils attendent.

LES 3 POINTS À RETENIR

– 1 –

Construire puis gérer son portefeuille de revenus en direct, en investissant dans des entreprises en croissance qui versent des dividendes réguliers est à la portée de tous, mais nécessite un minimum de méthode.

– 2 –

La première étape consiste à définir une liste de sociétés éligibles et à chercher à tout connaître de leur activité, comme si on souhaitait réellement acheter ces entreprises. Ensuite, une stratégie d'investissement étalée dans le temps permet de limiter les risques de perte importante.

– 3 –

Plus tôt on démarre son portefeuille de revenus, plus ses dividendes seront élevés le jour où l'on en aura besoin. Il est tout à fait possible de commencer avec un petit nombre d'entreprises en portefeuille, puis d'en ajouter quelques-unes chaque année.

14. VOTRE DEUXIÈME PILIER : LE PORTEFEUILLE DE REVENU — SOCIÉTÉS FONCIÈRES

Un portefeuille de revenu est constitué à la fois d'actions d'entreprises à dividende, comme on vient de le voir, et de sociétés foncières, aussi appelées REITs (cf. chapitre 8).

Les premières permettent de bénéficier directement des résultats de sociétés solides, en croissance et bien gérées, alors que les secondes se contentent de gérer un parc immobilier, des centres de stockage voire des infrastructures.

Les foncières ne paient pas d'impôt sur les bénéfices. En contrepartie, elles doivent redistribuer l'essentiel de leurs bénéfices issus des revenus fonciers ainsi qu'une large part de leurs bénéfices issus des plus-values de cession.

Leur rendement moyen est souvent supérieur à celui des entreprises à dividende de notre liste, en revanche leurs perspectives de croissance sont moindres.

Pour illustrer ce propos, prenons pour exemple Gecina, une des plus importantes foncières françaises. En 2005, son dividende s'élevait à 3.70€. En 2020, il représentait 5.30€. Sur la même période, celui de L'Oréal est passé de 1€ à 4.25€. Un épargnant ayant investi 20k€ dans chaque entreprise début 2005 recevait à l'époque 1 040€ de dividendes de Gecina (5.2% de rendement) et 440€ de L'Oréal (2.2%). Ayant conservé ses positions pendant quinze ans, il a vu ses dividendes augmenter régulièrement pour représenter respectivement 1490€ et 1332€ en 2020. Dans le même temps, la valeur de ses actions Gecina est passée de 20k€ à 35.5k€ alors que celle de ses titres L'Oréal représentait 55.5k€ fin 2020.

Le bilan des flux non réinvestis est le suivant :

	Gecina	L'Oréal
Valeur initiale du capital	20.000€	20.000€
Dividende année 1	1.165€	358€
Dividende année 2	1.255€	423€
Dividende année 3	2.959€	494€
Dividende année 4	2.281€	516€

Dividende année 5	1.315€	537€
Dividende année 6	1.315€	645€
Dividende année 7	1.315€	716€
Dividende année 8	1.315€	824€
Dividende année 9	1.375€	895€
Dividende année 10	1.390€	967€
Dividende année 11	1.494€	1.110€
Dividende année 12	1.535€	1.182€
Dividende année 13	2.376€	1.271€
Dividende année 14	1.644€	1.379€
Dividende année 15	1.584€	1.522€
Valeur finale du capital	**37.741€**	**111.298€**
Total dividendes perçus	24.316€	12.838€
Capital final + dividendes	**62.056€**	**124.136€**

Au regard des rendements annualisés (dividendes non réinvestis) de 7.84% pour Gecina et 12.94% pour l'Oréal, il s'agit dans les deux cas d'un bon investissement. On voit néanmoins toute la différence d'évolution entre une foncière et une société établie, avec de bonnes perspectives et un historique solide de distribution de dividendes.

Si l'entreprise respecte ses objectifs de croissance, ses bénéfices croissent plus rapidement que l'évolution des loyers reçus par la foncière. En conséquence, l'écart de rendement des dividendes se réduit avec le temps et la valeur s'apprécie davantage.

Les investisseurs recherchant un rendement stable et immédiat privilégieront ainsi les foncières alors que ceux ayant moins besoin de revenus immédiats alloueront une plus grande part de leur portefeuille de revenu dans des entreprises soigneusement sélectionnées.

Un portefeuille de REITs bien diversifié couvrira l'Europe, l'Amérique du Nord et l'Asie développée. Il inclura des logements, des bureaux, des centres de stockage et de distribution pour le e-commerce, des infrastructures, voire des commerces et des centres commerciaux, à condition de limiter cette exposition aux emplacements de première qualité, moins concurrencés par le e-commerce. De même, les bureaux bien situés dans les grandes métropoles seront privilégiés, car la demande pour les emplacements de premier choix ne devrait pas être trop impactée par le développement du travail à domicile.

Il est possible de se construire un portefeuille diversifié de REITs solides, capables de délivrer des revenus en croissance.

Parmi les candidats qui remplissent les critères présentés au chapitre 8, on peut s'intéresser aux noms suivants :

• **Vonovia est le plus grand propriétaire bailleur d'Europe**, avec plus de 400.000 appartements en Allemagne, en Suède et en Autriche. Particulièrement bien gérée, cette foncière affiche de solides fondamentaux, ainsi qu'un FFO en croissance de plus de 10%. Sa dette à long terme représente 39% de ses capitaux propres, le taux de couverture des intérêts (FFO/intérêts) s'élève à 4.8, et son taux d'occupation dépasse les 97%.

Cette valeur étant particulièrement recherchée, son cours a quasiment doublé au cours des cinq dernières années. Sur la même période, son rendement de dividende a fluctué entre 2.1% et 3.5%. Il convient donc de savoir attendre les moments de faiblesse du marché pour prendre ou renforcer ses positions sur cette foncière de qualité.

• **LEG Immobilien est une autre foncière d'habitation allemande**, avec près de 150.000 appartements, essentiellement en Rhénanie-du-Nord-Westphalie, la région frontalière des Pays-Bas et de la Belgique, où sont situées Düsseldorf, Cologne, Essen et Bonn. Comme Vonovia, LEG affiche des fondamentaux solides et son action convient d'être achetée sur recul des marchés.

• **Kojamo est une foncière finlandaise**, qui compte environ 36.000 appartements et 650 locaux commerciaux. La valorisation de son parc immobilier représente près de €7md. La structure financière est saine (notation crédit de Baa2 par Moody's, équivalent à BBB par S&P) et, avec un programme de construction qui va ajouter environ 1300 nouveaux appartements à louer au cours des trois prochaines années, le FFO devrait continuer à croître sur un rythme de 7% par an. Le dividende actuel légèrement supérieur à 2% devrait ainsi poursuivre sa progression au cours des prochaines années.

• **Immobiliaria Colonial, ou Colonial, est un REITs coté à la bourse de Madrid.** Son portefeuille se compose d'immeubles de bureaux situés dans des emplacements de premier choix à Paris, Barcelone et Madrid, avec un taux d'occupation de 95%. Noté BBB+ / Baa2 par S&P et Moody's, sa structure financière est solide. Son portefeuille diversifié de locataires comprend des grands noms tels que Facebook, Goldman Sachs, EssilorLuxottica, McKinsey, Natixis, Netflix, Richemont, Sodexo, etc. Son dividende offre un rendement qui a fluctué entre 2% et 3% au cours des cinq dernières années.

• **Warehouses de Pauw développe et loue des entrepôts et des plateformes logistiques basés principalement au Benelux.** Bien géré, ce REIT aux fondamentaux solides a toute sa place pour diversifier un portefeuille de foncières traditionnelles d'habitation ou de bureaux. Sa croissance et son taux d'occupation proche de 99% bénéficient de l'essor du e-commerce en Europe. Affichant un rendement de dividende entre 1.9% et 3.8% sur les cinq dernières années, il fait partie de la liste des titres à acheter sur recul pour bénéficier de l'essor des plateformes logistiques.

• **VGP, fondé en 1998 et coté à la bourse de Bruxelles, est aussi un développeur qui construit et loue des bâtiments destinés aux activités semi-industrielles et de logistique.** Son parc immobilier est implanté en Europe centrale, en Italie, Espagne et Portugal. Il s'agit d'un REIT de taille moyenne (environ €3md de capitalisation), dont la structure financière est saine (notation crédit BBB- par S&P) et qui connait un fort développement. Son dividende a doublé depuis 2016, avec un rendement de dividende qui a représenté entre 2.5% et 4% sur la période.

• **Capitaland est un REIT multi-secteur traditionnel, basé à Singapour.** Il développe et gère un vaste parc immobilier : 41% de ses actifs sont situés en Chine, 33% à Singapour, 11% en Asie du Sud-Est et le reste en Europe, en Australie et aux Etats-Unis. Positionnée aux côtés de foncières européennes au sein d'un portefeuille de REITs, cette valeur très solide viendra apporter une diversification géographique nécessaire. Quant au risque de change, la décision de le couvrir sera fonction de la taille de la position, de l'aversion au risque de chaque épargnant et de l'horizon d'investissement.

• **Digital Realty Trust (DLR) est un acteur complètement différent, spécialisé dans la gestion de centres de données. C'est une des plus importantes compagnies en charge d'une partie clé de l'infrastructure d'internet.** Les centres de données comprennent en effet les serveurs sans lesquels internet cesserait de fonctionner. Avec le développement de l'internet des objets, notre futur va devenir plus digital et DLR va continuer à bénéficier de la digitalisation désormais omniprésente dans notre quotidien.

Détenir et gérer ces centres de données est une activité très profitable. Créée en 2004, valorisée autour de 38 milliards de dollars, DLR détient et opère près de 300 centres de données situés dans plus de vingt pays dans le monde. Comme une foncière avec son parc immobilier, elle entretient ces *data centres* et les loue auprès de plus de 4.000 clients, parmi lesquels Facebook, Oracle, IBM, Linkedin, AT&T, JPMorgan, etc. En tant que REIT, DLR bénéficie des mêmes avantages fiscaux que les foncières et doit reverser à ses actionnaires l'essentiel de ses revenus encaissés. Ses dividendes ont été en hausse au cours de chacune des seize dernières années, avec une croissance moyenne de 6% par an durant les cinq dernières années.

Détenue à hauteur de 98% par des investisseurs institutionnels, DLR a vu son FFO croître de 7.8% par an au cours des dix dernières années. La pandémie ayant accéléré la digitalisation (travail à domicile, e-commerce, etc.), l'entreprise est plus forte aujourd'hui que début 2020. Dans cette activité la taille des acteurs est importante, Aussi DLR a-t-elle accéléré le développement de ses centres de données en acquérant les sociétés DuPont Fabros en 2017, Ascenty en 2018 et InterXion en 2020.

Avec une dimension globale, des actifs solides construits à des endroits stratégiques pour offrir un maillage complet et un savoir-faire technologique de premier plan, DLR bénéficie d'un avantage compétitif fort. Enfin, compte tenu des coûts de transfert élevés pour changer de fournisseur, elle peut compter sur la fidélité de ses clients. Dans ce contexte, les dix prochaines années devraient connaître une croissance en ligne avec celle de la dernière décennie.

Comme pour tout investissement dans une compagnie, il y a des risques spécifiques à prendre en compte.

D'abord, le risque technologique. Tout changement imprévu qui viendrait révolutionner le stockage des données numériques aurait des conséquences directes sur l'activité de DLR. Ensuite, les opérations de croissance externe ont pesé sur son endettement. Le bilan reste sain, avec une note de crédit à long terme de BBB/Baa2 par S&P et Moody's. À 5.8, le ratio de couverture des intérêts reste raisonnable, mais une hausse importante et durable des taux d'intérêt pourrait peser sur ses comptes et in fine, sur son dividende.

Comparée aux foncières traditionnelles, l'activité de location de centres de données est moins cyclique, mais exige plus de capital. Une société comme DLR a ainsi toute sa place au sein du deuxième pilier, pour compléter et diversifier un portefeuille de REITs traditionnels, en capturant le potentiel de la digitalisation rampante de notre vie.

LES 3 POINTS À RETENIR

— 1 —

La construction d'un portefeuille de revenu doit se préparer aussi tôt que possible.

— 2 —

Une allocation de REITs solides, ayant la capacité d'augmenter régulièrement leurs dividendes est idéale pour recevoir un complément de revenus qui s'appréciera dans le temps.

— 3 —

Le statut de REIT s'applique non seulement aux sociétés développant et gérant des logements, des bureaux et des commerces, mais aussi à celles en charge de plateformes logistiques et de centres de données qui apportent une diversification intéressante et de bonnes perspectives de croissance.

15. VOTRE TROISIÈME PILIER : LE PORTEFEUILLE DE PRÉFÉRENCES

Dans la gestion de votre patrimoine financier, avez-vous vraiment besoin d'un troisième pilier ?

Avec le premier pilier, vous avez un portefeuille diversifié capable de passer à travers tous les environnements de marché tout en restant investi, qui capitalisera les intérêts et fera grossir votre épargne à long terme.

Avec le deuxième pilier, facultatif, vous avez un portefeuille qui vous assurera un complément de revenus réguliers. Pour une majorité de personnes, ces deux piliers sont suffisants.

Certains souhaiteront néanmoins faire plus ou faire mieux.

Parce qu'ils connaissent très bien un secteur dans lequel ils pensent pouvoir distinguer les gagnants des perdants, peut-être même certains acteurs engagés dans un spectaculaire redressement à la suite d'un changement de stratégie ou d'un lancement de nouveaux produits.

Parce qu'ils souhaitent avoir une exposition plus forte à une région ou à un pays.

Parce qu'ils n'ont pas de deuxième pilier, mais souhaiteraient avoir un portefeuille d'actions de croissance défensives qu'ils pourront transmettre à leurs enfants ou petits-enfants. N'ayant pas besoin de revenus supplémentaires, ils pourront être encore plus patients pour acheter à bas prix les mêmes titres que ceux du portefeuille de revenu.

Parce qu'ils se sentent à l'aise pour prendre plus de risques, en ayant par exemple une plus forte exposition aux entreprises de technologie ou aux marchés asiatiques, les deux étant peu représentés dans le portefeuille de revenus (la croissance de leurs marchés est telle qu'elles préfèrent réinvestir leurs bénéfices plutôt que les distribuer à leurs actionnaires).

Après avoir passé du temps à comprendre les mécanismes des marchés financiers, les bénéfices d'un portefeuille bien construit et le comportement des différentes classes d'actifs, certains épargnants s'y intéresseront de plus en plus et souhaiteront s'impliquer davantage dans la gestion d'une partie de leur portefeuille, qui reflétera leurs convictions.

Toutes ces raisons d'avoir un portefeuille de préférences sont valables, mais attention à rester discipliné dans la mesure et dans la gestion des risques, et de ne pas aller au-delà du niveau de perte que l'on est prêt à accepter.

Au début, mieux vaut en limiter la taille, bien définir les objectifs, les risques, ainsi que quelques règles d'investissement, sinon le risque sera de ne pas s'amuser très longtemps !

En théorie, l'or et les emprunts d'État ont toute leur place dans un portefeuille de préférences, notamment en cas d'anticipation d'un environnement adverse. Toutefois, comme ils sont déjà bien représentés dans le premier pilier, nous allons davantage nous intéresser aux actions dans ce chapitre.

Décider des titres ou des classes d'actifs à mettre dans votre portefeuille de préférences est simple, même si cela nécessite un minimum de recherche. En revanche, définir la taille de chaque position est souvent moins évident.

Votre position sera jugée trop petite si elle est gagnante, et trop grosse si elle est perdante. Déterminer le moment de vendre sera ensuite la décision la plus difficile, après il n'y aura plus de place pour les regrets.

En avril 2012, les deux fondateurs d'Instagram ont vendu leur site de partage de photos à Facebook pour un milliard de dollars. Par la suite, nombreux ont été ceux qui se sont moqués d'eux, car la compagnie vaut aujourd'hui plus de cent milliards. Leur décision était pourtant bien fondée. D'abord, vendre une société un milliard dix-huit mois après l'avoir créée, ce n'est pas rien. Ensuite, s'ils avaient refusé l'offre, Facebook aurait probablement construit son propre Instagram et serait passé en mode « destroy », comme Mark Zuckerberg l'avait annoncé par sms à un des premiers investisseurs d'Instagram.

Fin 1996, lorsque Steve Jobs a repris les commandes d'Apple, personne ne pouvait imaginer que la compagnie allait développer l'iPhone, ni qu'elle saurait produire et distribuer des centaines de millions de téléphones mobiles chaque année, tout en maintenant une marge nette supérieure à 20%. De nombreux investisseurs peuvent ainsi avoir le sentiment d'avoir pris leurs profits trop tôt.

Dans la vraie vie, c'est très simple : on vend lorsqu'on estime avoir gagné suffisamment.

Le moment de vendre varie selon les personnes, il dépend de l'imagination de chacun et de sa faculté à voir les choses en plus ou moins grand. Pour ceux qui ont peu d'imagination, le risque est de passer à côté d'une énorme opportunité en vendant trop tôt. Pour ceux qui en ont beaucoup, le risque est de tout perdre après avoir gagné beaucoup !

Au final, les fondateurs d'Instagram se portent très bien, ils ne regrettent rien et sont passés à autre chose. À vous de faire la même chose lorsque vous vendez une position. L'important est de vous en tenir à votre plan, sans consommer votre capital émotionnel. Et si vous le souhaitez, vous pourrez revoir votre plan plus tard.

Dans le monde *Slow Money*, le portefeuille de préférences est largement investi en fonds ou en ETFs, et à moins de se prendre de passion pour l'investissement, la plupart des épargnants réalisent que la gestion de portefeuille est un métier à temps plein, qui nécessite une expertise spécifique pour chaque classe d'actif et chaque secteur.

Les enjeux de l'industrie pétrolière sont très différents de ceux de l'industrie du luxe ou des biotechnologies. Tout savoir sur un secteur, ses acteurs, leurs produits, leurs marges, leur valorisation, etc. est difficile pour un non-professionnel. Quant à connaître à fond plusieurs secteurs et prétendre identifier les gagnants des perdants, c'est impossible dans la durée. On peut avoir de la chance pendant quelques trimestres, mais pas pendant dix ans.

En comparaison, il est plus facile de s'intéresser à une tendance séculaire ou à un ou plusieurs thèmes d'investissement qui devraient bien performer sur le long terme.

Il existe de nombreuses sociétés spécialisées dans la gestion thématique, et certaines comme Lombard Odier, Pictet ou Robeco ont développé depuis longtemps des expertises très pointues.

Par exemple, le fonds LOF – Natural Capital investit dans des entreprises dont l'activité cherche à préserver ou renforcer le capital naturel de notre planète. Qu'est-ce que le capital naturel ? C'est la valeur de la nature, soit l'ensemble des actifs naturels qui jouent un rôle clé dans notre écosystème.

Concrètement, ce sont les sols, les sédiments, les minerais et les combustibles fossiles, mais aussi l'atmosphère, l'eau, les habitats naturels et les espèces.

Les services rendus par ce capital naturel sont immenses, ils concernent la purification de l'air, la qualité de l'eau et des sols, la pollinisation, l'agriculture et les produits forestiers.

Ces services ont un impact direct sur notre alimentation, sur la lutte contre les parasites, le contrôle des maladies, la régulation du climat, la protection contre les tempêtes, etc. Par exemple, les forêts contribuent à fournir de l'eau propre aux communautés, en servant de filtres à eau naturels grâce aux arbres, aux plantes et aux autres éléments qui absorbent la pollution avant qu'elle n'atteigne les ruisseaux, les rivières et les lacs.

Ainsi, on estime que près de 37.000 milliards d'euros de revenus générés par l'économie dépendent de services écosystémiques reposant sur le capital naturel. Cela représente environ la moitié du PIB mondial.

Le modèle économique qui a assuré notre développement à marche forcée depuis la révolution industrielle n'est pas durable. Il est inéquitable, sale, peu efficace et gaspilleur, avec seulement 9% de ses ressources qui proviennent de matériaux recyclés. Le faire évoluer va être un défi pour tous, mais les solutions sont connues. Elles reposent sur la transition climatique vers une économie zéro carbone, et sur la transition écologique vers une économie circulaire et des modes de production plus efficients pour protéger et reconstruire notre capital naturel.

En tant qu'investisseurs, nous recherchons des thèmes d'investissement séculaires, qui vont assurer une croissance élevée pour les entreprises concernées.

Dans le cas présent, la conviction que nous sommes à l'aube d'une nouvelle révolution industrielle semble solide. Tous les indicateurs sont orientés dans le même sens, et il est encore temps de prendre le train en marche. L'innovation, la technologie et la digitalisation vont faciliter l'évolution de l'économie linéaire (prendre — utiliser — jeter) vers l'économie circulaire durable, utilisant les ressources de façon efficace et sans déchet.

Dans de nombreux secteurs, le capital naturel va créer des opportunités de croissance. Il est déjà au cœur de l'activité d'environ 600 entreprises cotées dans le monde, la plupart ayant une forte composante technologique. Ces compagnies couvrent des secteurs aussi différents que la construction, l'énergie, le traitement des déchets, les machines-outils, l'impression 3D, le papier, les matériaux de construction en bois, les arômes naturels, le traitement de l'eau, etc.

Bien sûr, comme aux débuts de l'internet, certaines sociétés vont émerger et devenir des leaders dans leur créneau, certaines vont échouer et d'autres vont exploser en vol. Les identifier et les suivre est beaucoup plus difficile que de surveiller l'évolution des affaires d'Air Liquide ou de Coca-Cola. **D'où l'intérêt d'avoir recours à des fonds spécialisés pour vos investissements thématiques.**

Bien d'autres thèmes peuvent retenir votre intérêt, parmi lesquels la transition climatique, les énergies alternatives, la gestion de l'eau, les ruptures technologiques, la fintech, la génomique, le vieillissement de la population, la digitalisation de la société, le big data, la robotique, les villes du futur (*smart cities*), les grandes marques, la transformation de l'Asie, etc.

Choisir un fonds thématique peut s'avérer difficile. Il convient de bien comprendre son positionnement avant de comparer les performances, car les écarts entre produits s'expliquent souvent par des focus différents.

Par exemple, dans l'industrie de la santé, les possibilités d'investissement sont vastes : thérapies géniques, digitalisation de la médecine, nouvelles méthodes de diagnostic moins invasives, nouveaux traitements du diabète (meilleure personnalisation, pancréas artificiel), travaux concernant le système nerveux central (Alzheimer, Parkinson, migraines), nouvelles façons de combattre le cancer (immuno-oncology, immunothérapies ciblées), etc.

Entre un fonds spécialisé dans un seul de ces domaines prometteurs et un fonds plus diversifié qui préférerait identifier les futurs leaders de chaque catégorie, les différences de performances peuvent être importantes, surtout sur de courtes périodes.

Aussi est-il préférable de bien apprécier la stratégie développée avant de se jeter sur le fonds le plus performant.

De nombreux produits positionnés sur des thèmes à fort potentiel sont plus volatils que le marché. C'est un point à prendre en compte avant d'initier une position dans votre portefeuille de préférences, car des pertes importantes à court terme peuvent être au rendez-vous.

Si le thème est bien identifié, rappelez-vous que seuls ceux qui auront su rester investis sortiront gagnants après plusieurs années. Là encore, la sagesse dicte de calibrer ses positions en fonction de son appétit au risque, de savoir attendre une baisse pour commencer à investir et d'étaler ses investissements dans le temps.

Gérer une partie de son épargne en fonction de ses préférences est optionnel. C'est un excellent exercice, qui rend humble et permet d'établir un dialogue de meilleure qualité avec son banquier ou son conseiller financier.

LES 3 POINTS À RETENIR

— 1 —

S'il n'est pas nécessaire d'avoir un portefeuille de préférences, gérer une petite partie de son épargne en direct, via des fonds ou des titres en direct, est la meilleure façon de s'intéresser à ses finances et de comprendre ce que font ses gestionnaires.

— 2 —

Comme pour les deux premiers piliers, la méthode et la discipline sont essentielles pour éviter les erreurs d'investissement.

— 3 —

Même investi en fonds, un portefeuille de préférences bien géré nécessite un minimum de temps. En choisissant un thème qui vous intéresse, il vous sera plus facile de vous impliquer.

16. LE PORTEFEUILLE SLOW MONEY

Arrivés à la fin de cette troisième partie, vous avez peut-être développé un intérêt pour un pilier en particulier et fini par oublier les autres. Il est donc important de revenir sur l'agrégation des trois piliers, en présentant un exemple.

Comme il existe autant de portefeuilles *Slow Money* qu'il y a d'investisseurs, nous allons partir d'une hypothèse d'un capital de 500.000 euros, investis à hauteur de 60% dans le premier pilier, 30% dans le deuxième et 10% dans le troisième. Chaque ligne est détaillée dans le tableau ci-dessous.

Les codes ISIN de tous les ETFs et fonds mentionnés dans les tableaux ci-après sont regroupés en dernière page.

Premier pilier – Portefeuille diversifié stable	60%	300.000€
Lyxor Core MSCI World UCITS ETF	5.8%	29.200€
Amundi MSCI Emerging Markets UCITS ETF	2.5%	12.400€
Xtrackers MSCI World Materials UCITS ETF	1.5%	7.500€
Xtrackers MSCI World Energy UCITS ETF	1.5%	7.500€
iShares Agribusiness UCITS ETF (USD)	1.5%	7.500€
iShare Global Timber & Forestry ETF (USD)	0.3%	1.250€
iShares Global Water UCITS ETF (USD)	0.3%	1.250€
Amundi Physical Gold ETC (USD)	3.3%	16.600€
Lyxor Euro Government Bond 10-15Y (DR) UCITS ETF	4.7%	23.400€
Lyxor Euro Government Bond 25+Y (DR) UCITS ETF	3.4%	17.000€
iShares $ Treasury Bond 20+yr UCITS ETF Hedged	3.6%	18.000€
Lyxor Core Euro Government Inflation-Linked Bond (DR) UCITS ETF	5.8%	29.200€
iShares $ TIPS UCITS ETF EUR Hedged	5.8%	29.100€
LOF All Roads	20%	100.000€

Deuxième pilier – Portefeuille de revenu	30%	150.000€
REITs	*7.5%*	*37.500€*
Vonovia	1.5%	7.500€
Colonial	1.5%	7.500€
Warehouses de Pauw	1.5%	7.500€
Capitaland	1.5%	7.500€

Digital Realty Trust	1.5%	7.500€
Actions à dividende	**22.5%**	**112.500€**
Air Liquide	1.5%	7.500€
Coloplast	1.5%	7.500€
EssilorLuxoticca	1.5%	7.500€
Fresenius Medical Care	1.5%	7.500€
KPN	1.5%	7.500€
Legrand	1.5%	7.500€
L'Oréal	1.5%	7.500€
SAP	1.5%	7.500€
TotalEnergies	1.5%	7.500€
BAE Systems	0.6%	3.000€
Nestlé	0.6%	3.000€
Novartis	0.6%	3.000€
Abbvie	0.8%	4.000€
General Mills	0.8%	4.000€
General Dynamics	0.8%	4.000€
Merck	0.8%	4.000€
Microsoft	0.8%	4.000€
3M	0.8%	4.000€
Pepsi Cola	0.8%	4.000€
Pfizer	0.8%	4.000€
Procter & Gamble	0.8%	4.000€

Troisième Pilier – Portefeuille de préférences	10%	50.000€
LOF Natural Capital	1%	5.000€
LOF Climate Transition	1%	5.000€
LOF Asia High Conviction	1%	5.000€
Fonds obligataire crédit Asie à maturité fixe 4 ans – Échéance 2023	2%	10.000€
Fonds obligataire crédit Asie à maturité fixe 4 ans – Échéance 2024	2%	10.000€
Fonds obligataire crédit Asie à maturité fixe 4 ans – Échéance 2025	2%	10.000€
Cash	1%	5.000€

Deux tiers du portefeuille diversifié sont gérés en direct et répliquent l'Allocation Dynamique via des ETFs, et un tiers est investi dans le fonds diversifié LOF All Roads (cf. détails en chapitre 12). Le risque de baisse de ce premier pilier sur douze mois glissants est d'environ 14.5%. Quant à la performance attendue à long terme, elle se situe autour de cash + 6% annualisé.

Quatre ETFs sont libellés en US dollars, pour un montant total de 26.600 USD. Ils concernent des actions de producteurs de matières premières et de l'or physique. Comme indiqué en chapitre 12, il n'est pas recommandé de couvrir le risque de change sur ces placements.

Le deuxième pilier est composé de 5 REITs bien diversifiés et d'une vingtaine d'actions de grandes compagnies couvrant des secteurs différents, avec une majorité de titres éligibles au PEA. Comme ce sont des sociétés mondiales exposées à toutes les devises, nous ne couvrons pas le risque de change sur ces titres. Vous noterez par ailleurs l'absence de sociétés cycliques et de financières.

Investi totalement en actions, le portefeuille de revenu est risqué. Tout en continuant à verser des dividendes, il peut certainement perdre 40% de sa valeur sur douze mois glissants. C'est la raison pour laquelle il est recommandé de prendre son temps pour le construire, en saisissant les opportunités offertes durant les baisses de marché (cf. explications en chapitre 13).

Enfin, le troisième pilier illustre une façon d'exprimer ses préférences. Dans le cas présent, l'épargnant souhaite être exposé à des thèmes qui lui sont chers ou qu'il estime porteurs (transition climatique, capital naturel et Asie hors Japon). Par ailleurs, les investissements dans des fonds crédit à maturité fixe ont pour objectif de compléter temporairement le montant des dividendes versés par le portefeuille de revenus, en attendant que les dividendes augmentent avec le temps.

Les fonds à maturité fixe sont peu connus du grand public. Leurs portefeuilles sont constitués d'obligations bien diversifiées ayant une échéance proche de la maturité du fonds. Ainsi, en l'absence de défaut de paiement, les souscripteurs de ces fonds perçoivent un rendement régulier et récupèrent leur investissement initial à l'échéance du fonds. Les grandes banques privées et gérants d'actifs lancent régulièrement ces produits. Pour y accéder, le plus simple est d'interroger votre conseiller financier.

Avec un risque de baisse du troisième pilier d'environ 20%, l'ensemble du portefeuille *Slow Money* (incluant donc les trois piliers) présenté dans cet exemple peut perdre globalement jusqu'à 23% sur douze mois glissants.

Si ce niveau de risque potentiel est trop élevé, alors l'investisseur doit revoir la structure et les pondérations de son portefeuille, qui pourra par exemple prendre la forme suivante :

Premier pilier – Portefeuille diversifié stable	60%	300.000€
Lyxor Core MSCI World UCITS ETF	5.8%	29.200€
Amundi MSCI Emerging Markets UCITS ETF	2.5%	12.400€
Xtrackers MSCI World Materials UCITS ETF	1.5%	7.500€
Xtrackers MSCI World Energy UCITS ETF	1.5%	7.500€
iShares Agribusiness UCITS ETF (USD)	1.5%	7.500€
iShare Global Timber & Forestry ETF (USD)	0.3%	1.250€
iShares Global Water UCITS ETF (USD)	0.3%	1.250€
Amundi Physical Gold ETC (USD)	3.3%	16.600€
Lyxor Euro Government Bond 10-15Y (DR) UCITS ETF	4.7%	23.400€
Lyxor Euro Government Bond 25+Y (DR) UCITS ETF	3.4%	17.000€
iShares $ Treasury Bond 20+yr UCITS ETF Hedged	3.6%	18.000€
Lyxor Core Euro Government Inflation-Linked Bond (DR) UCITS ETF	5.8%	29.200€
iShares $ TIPS UCITS ETF EUR Hedged	5.8%	29.100€
LOF All Roads	20%	100.000€

Deuxième pilier – Portefeuille de revenu	30%	150.000€
REITs	2%	*10.000€*
Vonovia	1%	5.000€
Digital Realty Trust	1%	5.000€
Actions à dividende	7%	*35.000€*
Air Liquide	0.5%	2.500€
Coloplast	0.5%	2.500€
Essilor Luxoticca	0.5%	2.500€
Fresenius Medical Care	0.5%	2.500€
KPN	0.5%	2.500€
L'Oréal	0.5%	2.500€
Total	0.5%	2.500€
Nestlé	0.5%	2.500€
Abbvie	0.5%	2.500€
General Mills	0.5%	2.500€
Microsoft	0.5%	2.500€
3M	0.5%	2.500€
Pepsi Cola	0.5%	2.500€

Pfizer	0.5%	2.500€
Fonds à maturité fixe	**_21%_**	**_105.000€_**
Fonds obligataire crédit Asie à maturité fixe 4 ans – Échéance 2023	7%	35.000€
Fonds obligataire crédit Asie à maturité fixe 4 ans – Échéance 2024	7%	35.000€
Fonds obligataire crédit Asie à maturité fixe 4 ans – Échéance 2025	7%	35.000€

Troisième Pilier – Portefeuille de préférences	**10%**	**50.000€**
LOF Natural Capital	1%	5.000€
LOF Climate Transition	1%	5.000€
LOF Asia High Conviction	1%	5.000€
Carmignac Patrimoine	4%	20.000€
Cash	3%	15.000€

Après révision des deuxième et troisième piliers, le risque de perte globale sur douze mois glissants a été ramené à 15%, essentiellement en remplaçant une partie des actions du portefeuille de revenu par des fonds obligataires à maturité fixe, dont le rendement en euros se situe entre 3% et 4%. Au cours des premières années, les revenus de ce deuxième pilier seront plus élevés, mais leur croissance dans le temps sera limitée en comparaison avec l'exemple précédent.

Le portefeuille de préférences a également été revu. Les lignes obligataires ont été partiellement remplacées par un fonds diversifié activement géré et la part de cash a été augmentée.

Si la perte potentielle reste encore trop élevée, le risque doit être revu au niveau du premier pilier. Le portefeuille pourrait alors être structuré comme suit :

Premier pilier – Portefeuille diversifié stable	**60%**	**300.000€**
LOF All Roads	30%	150.000€
Lyxor Conservative Allocation	20%	100.000€
Man AHL TargetRisk	10%	50.000€
Deuxième pilier – Portefeuille de revenu	**35%**	**175.000€**
REITs	**_2%_**	**_10.000€_**
Vonovia	1%	5.000€
Digital Realty Trust	1%	5.000€

Actions à dividende		3%	15.000€
Air Liquide		0.5%	2.500€
Coloplast		0.5%	2.500€
Essilor Luxoticca		0.5%	2.500€
KPN		0.5%	2.500€
L'Oréal		0.5%	2.500€
Total		0.5%	2.500€
Fonds à maturité fixe		**30%**	**150.000€**
Fonds obligataire crédit Asie à maturité fixe 4 ans – Échéance 2022		7.5%	37.500€
Fonds obligataire crédit Asie à maturité fixe 4 ans – Échéance 2023		7.5%	37.500€
Fonds obligataire crédit Asie à maturité fixe 4 ans – Échéance 2024		7.5%	37.500€
Fonds obligataire crédit Asie à maturité fixe 4 ans – Échéance 2025		7.5%	37.500€

Troisième Pilier – Portefeuille de préférences		5%	25.000€
LOF Natural Capital		1%	5.000€
Carmignac Patrimoine		3%	10.000€
Cash		1%	5.000€

Ici, le risque a été ajusté pour maintenir l'épargnant dans sa zone de confort et s'assurer qu'il restera investi quoi qu'il arrive. Cela permettra au temps de faire son travail et dans cette version plus conservatrice, le premier pilier délivrera un rendement en ligne avec le risque, autour de cash + 4%.

Grâce à la réduction de l'exposition aux actions des deuxième et troisième piliers, le risque de perte sur 12 mois glissants se situe maintenant autour de 12%. Avec seulement cinq fonds et huit actions détenues en direct, la gestion est simple et peu chronophage.

Ces trois exemples ne sont pas à suivre aveuglément. Leur seul objet est de montrer la flexibilité du cadre d'investissement *Slow Money* et comment il peut être adapté au profil, aux attentes et au temps disponible de chacun.

Le dernier exemple montre qu'il est possible d'avoir un premier pilier bien diversifié et performant avec seulement trois fonds. Une telle approche est bien adaptée à ceux qui ont peu de temps à consacrer à la gestion de leur portefeuille et qui recherchent néanmoins une approche robuste pour faire grossir leur patrimoine dans la durée.

Une fois le portefeuille investi, comment s'organiser pour le suivre ?

Chaque investisseur s'appuiera sur les outils de reporting et les données fournies par les banques et les courtiers en ligne. Faciles d'accès, ces informations sont très utiles pour connaître en quelques minutes la valorisation et la performance de ses actifs.

Toutefois, de la même façon que les designers automobiles expliquent que la meilleure méthode pour comprendre le design d'une voiture est de la laver à la main, c'est en mettant à jour soi-même son tableau de performances ligne à ligne qu'on acquiert une connaissance fine de son portefeuille et de la manière dont chaque position se comporte en fonction de l'environnement.

Construire votre propre feuille Excel vous conduira à réfléchir aux informations que vous souhaitez suivre. Vous noterez la valeur et la performance de chaque ligne, les dividendes versés par les actions, ainsi que la performance agrégée de l'ensemble du portefeuille, par exemple sur les cinq et trois dernières années et depuis le début de l'année en cours.

Compte tenu de votre horizon d'investissement long, il est inutile de calculer la performance du dernier mois (vous le ferez quand même ;-)). Vous pourrez aussi mettre à jour le risque de chaque ligne, ainsi que le risque global. Pour ce faire, vous pourrez utiliser la fonction « écart-type » de votre tableur ou tout simplement mesurer la performance entre le point le plus haut et le plus bas de chaque période. Suivre le risque vous aidera à visualiser les bienfaits de la diversification.

C'est en prenant le temps d'analyser votre portefeuille une fois par trimestre que vous en prendrez la véritable mesure, en suivant les évolutions de l'allocation globale et de chaque ligne en fonction des marchés.

17. FAQ 3

Cette troisième série de questions est l'occasion d'approfondir les points présentés dans la troisième partie et d'aborder aussi des sujets plus généraux.

1. Jusqu'à présent, dans la gestion de mon patrimoine, mes revenus sont générés par des actifs immobiliers et la croissance à long terme est apportée par mon portefeuille d'actions. Une telle approche n'est-elle finalement pas plus simple ?
En effet, une telle approche est plus simple. La question est de savoir si, dans le cas présent, plus simple signifie meilleur. Et comme toujours, c'est du côté des risques qu'il faut regarder.

Le premier risque de l'immobilier direct, c'est le risque d'impayé. Il vient grever vos revenus, impacte directement le rendement de votre investissement et consomme une part non négligeable de votre capital émotionnel.

Le deuxième risque est le blocage des loyers. L'histoire nous enseigne que les mesures d'encadrement voire de blocage des loyers se produisent plusieurs fois par siècle. Qui a oublié les fameux « loyers de 1948 », mis en place au lendemain de la guerre pour accorder un droit de maintien des locataires précaires avec un loyer dérisoire ? Dans un tel scénario, le montant de vos charges quotidiennes augmenterait alors que vos loyers stagneraient. Et vos biens immobiliers seraient invendables à un prix de marché du fait de leur rentabilité trop faible.

La parade est bien sûr de panacher des logements avec des bureaux, des surfaces commerciales et des entrepôts, dont les loyers ne sont généralement pas bloqués. Détenir tous ces biens engage des montants souvent trop importants, d'où l'intérêt d'investir via des REITs. Au passage, vous avez sans doute noté que notre liste ne comprend pas de REITs concentrés sur la France, l'objectif étant de diversifier le patrimoine d'épargnants qui possèdent déjà de l'immobilier locatif en direct.

2. Si je recherche des revenus à court terme, est-il préférable d'acheter des REITs ou des actions à haut dividende ?
Si votre horizon de placement est inférieur à cinq ans et que vous recherchez un revenu à court-terme, ni les REITs ni les actions à dividende ne conviennent,

car le risque de perte en capital est trop élevé sur un tel horizon.

La meilleure façon d'obtenir un revenu sur cinq ans est d'investir dans un fonds obligataire dont la maturité correspond à votre horizon de placement. Les sociétés de gestion en lancent régulièrement, avec des maturités le plus souvent comprises entre trois et cinq ans. Les produits investis en obligations d'entreprises asiatiques sont les plus attractifs, car ils présentent le meilleur rapport rendement-risque.

Si votre horizon de placement est supérieur à cinq ans et si vous souhaitez faire travailler votre capital pour obtenir sans attendre un revenu à court-terme, alors les REITs seront préférés aux actions à haut dividende, dont le risque de diminution soudaine de leur dividende pourrait venir amputer gravement vos revenus. Enfin, si vous vous intéressez à des titres apparemment solides qui distribuent un dividende très élevé, n'oubliez pas que si l'opportunité vous semble trop belle pour être vraie, c'est sans doute le cas.

3. Au lieu de construire son portefeuille de revenu en achetant des titres en direct, pourquoi ne pas acheter un ETF répliquant un indice *Dividend Aristocrats* ?
Ces indices sont construits à partir d'une approche systématique qui filtre les valeurs ayant accru leurs dividendes pendant au moins 25 ans aux États-Unis, 10 ans en Europe et 7 ans en Asie. Le portefeuille est ensuite construit à partir de critères basés sur la capitalisation et la liquidité des titres sous-jacents.

L'approche est intéressante, elle peut convenir à des investisseurs cherchant à obtenir de leur portefeuille d'actions un complément de revenus. Ils ne connaîtront toutefois pas en détail le portefeuille, qu'ils ne suivront qu'à travers sa valeur liquidative. Cela posera un problème lorsque les marchés financiers seront secoués. Ils verront la valeur liquidative baisser fortement et seront tentés de couper leur position. En comparaison, lorsqu'on détient en direct des titres Air Liquide, Digital Realty Trust, Microsoft, Roche ou Vonovia, si l'on connaît et comprend leur activité, on est beaucoup moins tenté de les vendre en période difficile, car on sait que ces compagnies vont continuer à payer des dividendes, même si leur bénéfice chute pendant quelque temps. On serait même tenté d'en acheter davantage…

4. Quel est le nombre minimum de titres à détenir en direct pour être correctement diversifié, notamment dans la gestion d'un portefeuille de revenu ?

La diversification ne tient pas seulement au nombre de titres. Un portefeuille de quinze actions couvrant dix pays et dix secteurs différents est mieux diversifié qu'un portefeuille de cent actions françaises.

L'objectif de la diversification est de lisser la volatilité à court terme inhérente à chaque titre. Si vous n'investissez que dans des entreprises connues pour leur stabilité, telles que Nestlé, Coca-Cola, L'Oréal ou Air Liquide, une vingtaine de titres peut suffire, à condition de couvrir au moins six secteurs différents. Si vous souhaitez être exposé à des secteurs très volatils comme la technologie, en incluant dans votre portefeuille de préférence des entreprises comme Alibaba, Alphabet, Facebook ou Tencent, les montants alloués à ce secteur doivent bien prendre en compte votre aversion au risque. Les secteurs à haut potentiel comme la technologie ou la biotech comprennent de nombreuses entreprises jeunes qui font encore des pertes. Le moindre accident de marché ou la moindre mauvaise nouvelle peuvent affecter gravement les cours de leurs actions.

De même, un portefeuille de REITs peut être bien diversifié avec seulement cinq ou six compagnies bien gérées couvrant des catégories d'actifs et des régions différentes. Dans la structure de portefeuille proposée, ces REITs coexistent avec les actions à dividende (pilier 2) et viennent compléter le portefeuille diversifié (pilier 1) et, le cas échéant, le portefeuille de préférences (pilier 3).

Enfin, les fonds et les ETFs étant par nature diversifiés, il est possible de construire un premier pilier parfaitement robuste avec deux fonds réellement diversifiés comme ceux de notre liste. Quant à votre portefeuille de préférences, il pourra être constitué d'une poignée de fonds ou d'ETFs.

5. Quelle est la place des fonds diversifiés traditionnels dans l'approche *Slow Money* ?

Pour les raisons présentées dans le chapitre 12, les fonds diversifiés gérés à partir d'une approche fondamentale n'ont pas leur place dans le premier pilier, car la rémunération du risque n'est pas optimale et leurs pertes peuvent être bien supérieures à celles attendues par leurs porteurs, ce qui pourrait les forcer à liquider leurs positions au pire moment.

Pour autant, il est possible d'investir dans des fonds diversifiés activement gérés au sein du portefeuille de préférences, dans les limites de son propre budget de risque. Sur certaines périodes, leur gestion discrétionnaire peut être un bon complément de l'approche systématique du premier pilier. Par ailleurs, en investissant — même un faible montant — dans ces fonds, on est naturellement conduit à s'intéresser aux analyses fondamentales de leurs gérants, ce qui est une bonne façon de développer ses connaissances financières.

6. Quelle est la signification du risque de perte sur 12 mois glissants ? Est-il possible de perdre davantage ?
Le risque de perte sur 12 mois glissants tel que décrit ici représente la moyenne des 5% pires performances négatives sur 12 mois glissants qui pourront se produire au cours de la période de vie du portefeuille. Prenons l'exemple d'un portefeuille conservé pendant 25 ans. À partir de la première année, on peut calculer sa performance sur douze mois. Le mois suivant, on fait la même chose et ainsi de suite chaque mois. À l'issue des 25 ans, sur les 288 mesures de performance sur 12 mois, imaginons que 80 soient négatives. On va alors seulement s'intéresser aux 5% pires performances parmi ces 80 mesures, soit dans le cas présent les quatre périodes les plus négatives (en gras sur le tableau ci-après).

La moyenne des quatre s'élevant à 11%, nous considérons que ce portefeuille présente un risque de perte sur 12 mois glissants de 11%. Cela ne correspond pas à la perte maximale constatée qui, dans cet exemple, s'élève à 11.8%, mais cela donne une bonne estimation du risque.

Donc, concrètement, lorsque nous mentionnons un risque de perte de 16%, cela ne signifie pas que le portefeuille ne perdra jamais plus que 16% sur 12 mois glissants. Dans des cas extrêmes, il pourrait perdre davantage, peut-être 18%, mais en moyenne, les pires performances négatives sur un an glissant qu'un investisseur doit être prêt à accepter devraient se situer autour de -16%.

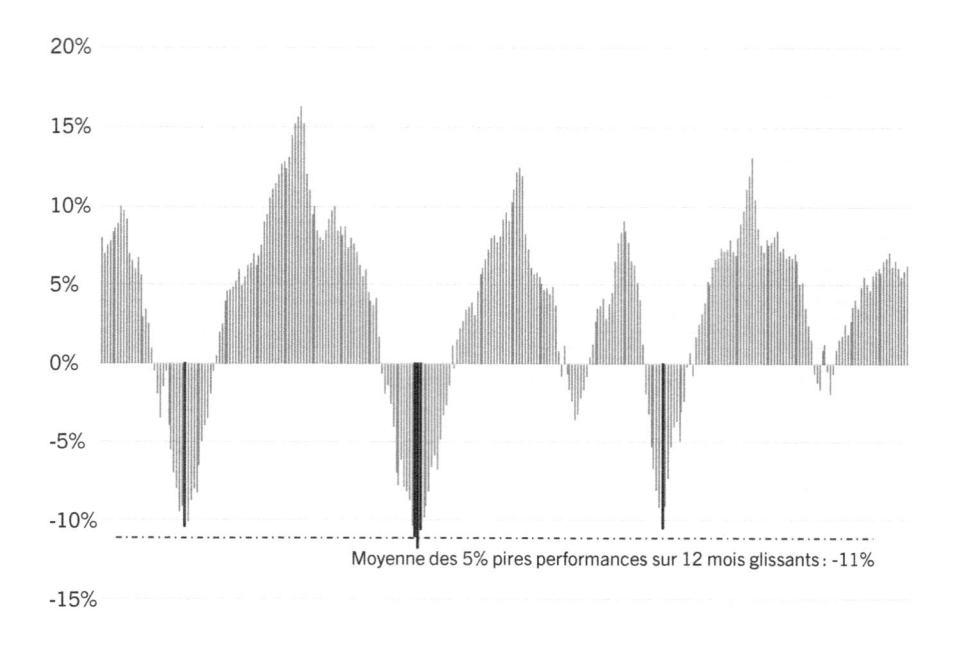

Moyenne des 5% pires performances sur 12 mois glissants : -11%

7. Avoir une watch list tenue à jour est une approche intéressante pour être prêt à agir lorsque les marchés baissent fortement. Mais ne vaudrait-il pas inclure dans cette liste des titres plus spéculatifs capables de rebondir davantage que des actions Air Liquide ou L'Oréal ?
Dans la gestion de son épargne, le principal danger est de toujours chercher à être investi dans ce qui performe le mieux. Cela n'est bien sûr pas possible et c'est pourquoi la base de notre portefeuille est le premier pilier. Réellement diversifié, il offre en permanence une exposition à toutes les classes d'actifs, qu'elles performent bien ou pas.

Avec le recul, les actions qu'il fallait acheter en mars 2020 étaient les valeurs technologiques et certains producteurs de matières premières. À fin mars 2021, SCCO (South Copper Corporation) a vu le prix de son action quasiment tripler sur douze mois. Devons-nous regretter de ne pas l'avoir incluse dans notre portefeuille de préférences ? Non, car sans rien faire, nous étions déjà exposés à ce producteur de cuivre via les producteurs de matières premières de notre premier pilier. Idem pour les géants de la technologie, dont les cours ont plus que doublé sur la même période. La partie actions du premier pilier y est largement exposée, ce qui explique en partie sa bonne performance.

Les titres très volatils n'ont pas leur place dans le troisième pilier du portefeuille

Slow Money. Aux yeux de certains, leurs fortes fluctuations rendent ces valeurs attractives, car il est possible de gagner beaucoup et très vite en capturant des grandes tendances sur des périodes courtes. C'est un leurre, car tôt ou tard on se fait dévorer par le marché. La gestion du timing est non seulement très difficile, mais aussi usante et chronophage, car évidemment, les investisseurs ne sont pas toujours bien positionnés sur ces titres, dont les prix peuvent se retourner rapidement. Pourtant, depuis la nuit des temps, partout dans le monde, on trouve des personnes pensant que, si elles ont été assez habiles pour construire un patrimoine par leur travail et leur effort d'épargne, elles seront également capables de le faire fructifier sur les marchés financiers mieux que quiconque, et vite. La plupart se tourneront vers ces approches que nous qualifierons de *Fast Money* et qui ne sont pas les nôtres. L'argent réel se gagne au fil du temps, lentement, sans stress ni excitation.

8. Alors que les marchés n'ont pas connu de forte baisse depuis longtemps et que de nombreux indicateurs tendent à montrer qu'ils sont chers, est-ce le moment de démarrer la construction d'un portefeuille *Slow Money* ? Cette question est récurrente. Indépendamment du niveau des marchés, elle m'est systématiquement posée depuis bientôt 35 ans.

Au début de l'année 1996, alors que l'indice S&P500 des grandes valeurs américaines venait de doubler en cinq ans, certains parlaient de surévaluation. Durant les cinq années suivantes, il a continué sa hausse pour doubler à nouveau avant de voir la bulle exploser. Toutefois, même au plus bas de 2002, il se situait encore 40% au-dessus de son niveau de début 1996.

Mi-2006, lorsque le taux des emprunts d'état japonais à 10 ans était remonté à 1.90%, certains craignaient une forte remontée des taux longs. C'était en fait un formidable point d'entrée, car, dix ans plus tard, ces mêmes taux affichaient un rendement négatif.

Vous l'avez compris, on pourrait faire un livre entier sur tous les Cassandre qui ont prédit la chute des marchés pour demain.

La réalité, c'est que les gouvernements et les entreprises se financent auprès des marchés par le biais de l'emprunt ou en cédant une partie de leur capital. Ils paient ce financement en versant des intérêts ou une partie de leurs bénéfices. Dans un monde en croissance structurelle, les créanciers ont peu de soucis à se faire. Sur le long terme, ils seront payés pour les risques qu'ils prennent, à l'exception d'accidents ponctuels ou catastrophiques tels que les guerres, les chocs politiques, les pandémies, etc. D'où le besoin de diversification par classe d'actif, par région et par secteur.

Certains investisseurs attendent le point bas pour entrer sur le marché depuis plus de cinq ans. Ils ne cherchent pas tant à maximiser leur rendement qu'à éviter d'entrer au plus haut et d'essuyer de lourdes pertes. En mars 2020, paralysés par la peur de voir les marchés s'écrouler davantage, ils n'ont bien entendu pas bougé.

Au lieu de rester investis en cash à attendre, ils auraient mieux fait de démarrer de façon limitée il y a cinq ans, puis d'accroître graduellement leurs positions. Investir par palier est la meilleure façon d'éviter d'entrer au plus haut. La solution proposée qui consiste à établir sa *watch list* puis à entrer de façon étagée, notamment après des mouvements de baisse, a fait ses preuves. Si l'on considère que les marchés sont chers, on peut investir moins ou étaler davantage ses investissements dans le temps. On peut aussi commencer seulement par le premier pilier pour bénéficier de la diversification, puis attendre un peu avant de construire les autres piliers. Finalement, le plus important est de commencer à investir tôt pour avoir un pied dans le marché, en adaptant ensuite la montée en charge de façon disciplinée selon ses vues de marché et sa propre aversion au risque.

9. Mon contrat d'assurance-vie n'offre pas l'accès aux ETFs ni aux fonds mentionnés. Que faire ?

Il est exact que les contrats d'assurance-vie anciens n'ont pas tous évolué au même rythme. Certains contrats multisupports offrent encore un univers d'unités de compte limité, notamment en dehors des fonds gérés par le groupe promoteur. Depuis 2019 et la loi PACTE, il est toutefois possible de transférer un contrat d'assurance-vie au sein de la même compagnie d'assurance, et ce sans perte de l'antériorité fiscale.

Pour comprendre les possibilités offertes par cette disposition, il est nécessaire de bien distinguer le rôle de l'assureur et celui du courtier en assurance-vie.

L'assureur s'occupe la gestion administrative de votre contrat d'assurance-vie. Il est aussi le dépositaire juridique de votre épargne et, le cas échéant, il gère le fonds en euros.

Le courtier est le distributeur de l'assurance-vie. Il la commercialise et entretient la relation avec le client. C'est typiquement votre banquier ou votre conseiller financier indépendant.

L'assureur et le courtier sont souvent deux entités différentes. Dans ce cas, il vous est possible de changer de courtier au sein de la même compagnie d'assurance. Le plus simple est de contacter des conseillers en gestion privée utilisant la même compagnie d'assurance-vie que la vôtre et de leur demander si leurs contrats offrent un accès aux supports dans lesquels vous souhaitez investir, et à quelles conditions.

Dans les grands réseaux bancaires, le courtier et l'assureur font souvent partie du même groupe. La loi PACTE ne vous permet alors que de changer de contrat au sein du même établissement, ce qui peut néanmoins être utile si votre banque propose par ailleurs des contrats avec un accès plus large aux supports d'investissement.

CONCLUSION

Décembre 2019. Vous apprenez une terrible nouvelle. Une pandémie va s'abattre sur le monde. Des centaines de millions de personnes vont être atteintes par un virus dont on ignore tout, des millions vont en mourir. Le monde va se confiner et connaître le plus fort recul économique depuis la Deuxième Guerre mondiale. L'information est confidentielle, vous avez quelques jours pour prendre vos dispositions avant de vous mettre à l'abri sur votre île privée, où vous avez les ressources et le personnel pour vivre en autarcie pendant une année. Toutefois, il ne vous sera pas possible de gérer vos affaires de là-bas. Vous devez donc décider maintenant comment ajuster votre portefeuille.

Que faites-vous ? Que sera le monde dans un an ? Les marchés seront-ils contraints de fermer ? Vont-ils s'effondrer ? Devez-vous tout vendre et rester en cash ? Ou bien acheter de l'or et des diamants ?

Le premier pilier de votre portefeuille est supposé rester stable, il a été construit pour affronter tout type de tempête. Face à l'inconnu, sa diversification sera précieuse. Vous n'y touchez pas.

Le deuxième pilier, votre portefeuille de rendement, risque de souffrir. Si l'économie s'arrête, les entreprises feront moins de bénéfices et distribueront moins de dividendes. Les sociétés foncières risquent d'avoir du mal à encaisser leurs loyers. Vous vérifiez une nouvelle fois la solidité des compagnies en portefeuille, vous vous débarrassez de celles qui vous semblent les moins solides et allégez vos positions de 20 % à 30 %. Vos revenus baisseront d'autant, toutefois vous savez que dans une crise majeure, celui qui gagne est souvent celui qui perd le moins.

Votre troisième pilier est largement investi en actions, mais il ne représente qu'une partie marginale de votre portefeuille global. Vous décidez de prendre vos profits et de le liquider. Comme vous avez déjà beaucoup d'or dans votre premier pilier, vous préférez investir dans les sociétés pharmaceutiques et passez un ordre pour investir un quart des liquidités dans l'ETF Lyxor MSCI

World Health Care. Vous gardez le reste en cash.

Un an plus tard, votre portefeuille a tenu le choc. Certes, alléger les deuxième et troisième piliers était une mauvaise décision, prise sous l'émotion, mais, dans l'ensemble, vous avez réalisé une performance très correcte. D'ailleurs, qui pouvait imaginer que les marchés finiraient l'année 2020 au plus haut ?

Ce retour en arrière a pour objet de montrer que, comme pour les crises précédentes et celles à venir, l'important est d'avoir un plan et de s'y tenir. Il n'y a pas de secret dans la stratégie proposée, elle repose sur une méthode, de la discipline et un minimum de travail.

L'approche *Slow Money* est une solution d'investissement simple, structurée, adaptable au profil et aux attentes de chacun, facile à mettre en œuvre. Ni exotique ni unique, elle donne des résultats, car elle permet de rester investi sur le long terme. À partir du moment où le niveau de risque est correctement défini et cohérent avec l'objectif de performance, le temps peut faire son travail.

En période de taux d'intérêt bas, faire fructifier son épargne, assurer son train de vie ou préparer sa retraite est un défi pour le particulier. En période d'inflation, il cherche à éviter de s'appauvrir. Régulièrement, il doit affronter des mouvements inattendus, parfois brutaux et de grande ampleur. Face aux risques de marché, sa situation peut rapidement devenir précaire, notamment s'il cherche à récupérer ses pertes sans prendre en compte les risques pris et s'il oublie les principes de base de la diversification. Pour mener son projet à bon port, il s'appuiera sur une feuille de route claire et structurée qui le guidera à travers les méandres des solutions financières.

À la lecture, tout cela paraît simple, mais, au moment d'agir, on se demande souvent comment faire pour structurer son patrimoine financier. C'est maintenant à vous de jouer. Vous avez trouvé dans cet ouvrage des pistes pour construire et gérer votre portefeuille. Désormais, le principal risque pour vous est de différer la mise en œuvre.

Et si vous deveniez votre meilleur conseiller financier ?

Pour lever les obstacles qui se dressent entre vos placements actuels et votre portefeuille cible, je vous propose un plan en cinq points :

1. Faites l'état de votre patrimoine financier. Vous listez les positions de tous vos comptes, y compris les unités de compte de vos contrats d'assurance-vie, et vous les ventilez par classe d'actifs (cash / placements monétaires, obligations d'état, obligations d'entreprises, actions de pays développés, actions de pays émergents, or, matières premières). Les positions des fonds diversifiés seront aussi décomposées par classe d'actifs. Cela vous donnera une première idée de la diversification actuelle de vos placements et des risques auxquels vous êtes le plus exposé.

2. Définissez votre cible. Quel est votre horizon de placement ? Quels sont vos objectifs ? Combien êtes-vous prêt à risquer pour les atteindre ?

3. Construisez votre portefeuille-cible, en commençant par le premier pilier.

4. Une fois la composition de votre portefeuille-cible définie, assurez-vous qu'il est possible de restructurer votre portefeuille actuel avec vos prestataires habituels et vos contrats d'assurance-vie en place. Si tel n'est pas le cas, adressez-vous à d'autres conseillers financiers qui sauront être à votre écoute et mieux répondre à vos attentes.

5. Passez à l'action en définissant un plan que vous implémenterez progressivement, avec calme et discipline.

Penser une stratégie d'investissement à long terme est à contre-courant de l'immédiateté qui régit nos vies. Pourtant, le cadre d'investissement robuste de l'approche *Slow Money* permet de faire croître son capital sans prendre des risques démesurés et en y consacrant un temps limité. Cela implique de se comporter en entrepreneur de son patrimoine, de ne pas prendre des risques au-delà de ses moyens, de savoir rester à l'écart de la foule, d'accepter de passer à côté d'opportunités et de ne pas être toujours le plus performant.

L'inaction, la discrétion, l'humilité et la patience deviendront alors vos meilleures alliées dans la durée.

⌐ LISTE DES CODES ISIN

Retrouvez ci-dessous les codes ISIN de tous les fonds et ETFs mentionnés au chapitre 16 (pages 153 à 158) :

ETF / Fonds	Code ISIN
Lyxor Core MSCI World UCITS ETF	LU1781541179
Amundi MSCI Emerging Markets UCITS ETF	LU1681045370
Xtrackers MSCI World Materials UCITS ETF	IE00BM67HS53
Xtrackers MSCI World Energy UCITS ETF	IE00BM67HM91
iShares Agribusiness UCITS ETF (USD)	IE00B6R52143
iShare Global Timber & Forestry ETF – (USD)	IE00B27YCF74
iShares Global Water UCITS ETF (USD)	IE000CFH1JX2
Amundi Physical Gold ETC (USD)	FR0013416716
Lyxor Euro Government Bond 10-15Y (DR) ETF	LU1650489385
Lyxor Euro Government Bond 25+Y (DR) ETF	LU1686832194
iShares $ Treasury Bond 20+yr UCITS ETF Hedged	IE00BD8PGZ49
Lyxor Core Euro Government Inflation-Linked Bond (DR) ETF	LU1650491282
iShares $ TIPS UCITS ETF EUR Hedged	IE00BDZVH966
LOF All Roads	LU0718509788
Lyxor Conservative Allocation	LU0539466150
Man AHL TargetRisk	IE00BRJT613
LOF Natural Capital	LU2212489020
LOF Climate Transition	LU2107592128
LOF Asia High Conviction	LU480991469
Carmignac Patrimoine	FR0010135103

⌐ POSTFACE

Présentation de l'Association Toutes à l'école, bénéficiaire de la totalité des droits du livre.

L'amour porté à un enfant, qui conduira à en sauver mille : tel est le début de l'histoire de l'association Toutes à l'école.

En 2005, la journaliste Tina Kieffer, directrice de la rédaction du mensuel féminin Marie Claire et mère de quatre enfants, part en voyage en famille au Cambodge. Là-bas, elle se heurte aux réalités du terrain, et découvre la complexité d'un pays éblouissant mais aussi lourd d'histoire. Marqué par deux décennies de guerres, le Cambodge garde un fort taux de pauvreté : 46% de sa population gagne moins de 3 dollars par jour. D'un point de vue éducatif, le Cambodge a perdu 90% de ses intellectuels lors du génocide des Khmers Rouges et beaucoup d'enfants n'ont pas accès à l'école, dans un pays où plus d'un tiers de la population a moins de 14 ans.

Face à ces réalités, et forte d'un caractère volontaire et engagé, Tina et sa famille décident, lors de leur voyage, d'amener des vêtements dans un orphelinat situé à Prek Thmey, à une douzaine de kilomètres de Phnom Penh. La journaliste découvre alors le monde des « laissés-pour-compte » ; cette visite bouleversera sa vie. Elle rencontre en effet Chandara, une petite fille de 3 ans environ, qui deviendra sa fille adoptive : une véritable déflagration d'amour, un coup de foudre qui la conduira à plaquer sa carrière et à faire sortir d'un terrain vague une école destinée à sauver le plus de fillettes possible. Tina est en effet convaincue que l'éducation est l'unique moyen pour les jeunes filles cambodgiennes de sortir des conditions de pauvreté extrême dans lesquelles elles grandissent.

C'est ainsi qu'en 2005, l'association Toutes à l'école voit le jour et inaugure son école pilote Happy Chandara, située à treize kilomètres de Phnom Penh, dès le début de l'année 2006. L'établissement a pour objectif de développer une scolarisation de haut niveau destinée aux jeunes filles les plus défavorisées de la région, afin de les conduire à un métier qui leur apportera liberté et dignité.

À Happy Chandara, les petites et jeunes filles sont scolarisées du cours préparatoire jusqu'au baccalauréat, puis sont accompagnées dans les deux foyers universitaires de l'association, situés à Phnom Penh. Chaque année, près de cent nouvelles petites filles rejoignent les bancs de l'école. Le campus a ainsi accueilli, à la rentrée 2021, plus de 1200 petites et jeunes filles, qui sortiront toutes de leur scolarité avec un bagage scolaire et culturel important. Ce dernier leur permettra de s'armer face à chaque étape de la vie, et de s'épanouir dans un avenir qu'elles auront choisi. L'exigence du cursus porte déjà ses fruits, car le lycée enregistre, depuis 2018, 100% de réussite au baccalauréat ; un pourcentage particulièrement élevé pour le Cambodge où seulement 66% des élèves obtiennent ce diplôme.

Parce que l'association Toutes à l'école est également convaincue que pour réussir, les jeunes filles doivent bénéficier d'une prise en charge globale (alimentaire, médicale et sociale), les équipes au Cambodge distribuent plus de 1500 repas et 2400 encas chaque jour sur le campus, et des paniers alimentaires sont distribués aux familles chaque mois. Aussi, un suivi médical, dentaire, ophtalmologique et la vaccination sont assurés pour les élèves et leur famille au sein du centre médico-social du campus de l'association.

En apportant une instruction de haut niveau aux jeunes filles les plus démunies de la région de Phnom Penh, l'objectif est d'instruire les mères de demain qui, ainsi, sauront transmettre le meilleur à leurs enfants, et d'augmenter le nombre de femmes aux postes de décision du pays, tout en développant des valeurs de tolérance et de paix. Donner aux femmes de demain les armes du savoir est le meilleur moyen de les conduire à un avenir digne, où elles sauront être les actrices du changement de leur pays.

Printed in France by Amazon
Brétigny-sur-Orge, FR